《中国营造学社汇刊》提要

黄清明　编著

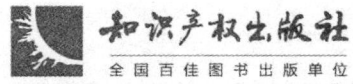

图书在版编目（CIP）数据

《中国营造学社汇刊》提要/黄清明编著.—北京：知识产权出版社，2014.6
ISBN 978-7-5130-2779-3

Ⅰ.①中… Ⅱ.①黄… Ⅲ.①建筑学-期刊-内容提要-中国-1930~1945
Ⅳ.①Z89；TU

中国版本图书馆CIP数据核字（2014）第123752号

内容提要

本书将《中国营造学社汇刊》140多篇各类文章，分学术思想与理论探讨、文献典籍整理、考证与调查、文物建筑与保护、图样与料例及工程做法、译文、杂著等七大类，对每篇写出提要，并附原刊部分插图，以方便读者对《中国营造学社汇刊》有一个大致的了解，并增加对其进一步研读的兴趣。

读者对象：高等院校建筑理论与历史、美术史师生，古建筑爱好者。

责任编辑：田　野		责任校对：董志英	
装帧设计：田　野		责任出版：谷　洋	

《中国营造学社汇刊》提要
zhongguo yingzao xueshe huikan tiyao
黄清明　编著

出版发行：知识产权出版社有限责任公司	网　　址：http://www.ipph.cn
社　　址：北京市海淀区马甸南村1号	邮　　编：100088
责编电话：010-82000860转8117	责编邮箱：hqm@cnipr.com
发行电话：010-82000860转8101/8102	发行传真：010-82000893/82005070/82000270
印　　刷：北京科信印刷有限公司	经　　销：各大网上书店、新华书店及相关专业书店
开　　本：720mm×960mm　1/16	印　　张：13.5
版　　次：2014年6月第1版	印　　次：2014年9月第2次印刷
字　　数：224千字	定　　价：58.00元
ISBN 978-7-5130-2779-3	

出版权专有　侵权必究
如有印装质量问题，本社负责调换。

前　言

一、中国营造学社与《中国营造学社汇刊》

中国营造学社成立于1930年，解散于1946年❶。其宗旨为"研究中国固有之建筑术，协助创造将来之新建筑"。

学社命名之初，本拟为中国建筑学社，后定名为"中国营造学社"。因此，其研究视角不惟建筑，凡属实质的艺术，即如彩绘、雕塑、染织、髹漆、铸冶、抟埴、一切考工之事，皆为学社研究所包括；凡信仰、传说、仪文、乐歌、一切无形之思想背景，属于民俗学家之事，亦皆学社所旁搜远绍。❷

在考证和调查方面，学社先后调查了中国的15个省220多个县的历史遗构，测绘、调查、拍摄了2000多个建筑，对唐、宋、辽、金的建筑有了一个基本了解，基本上掌握了自魏晋至明清时期的建筑实物资料。

《中国营造学社汇刊》是中国营造学社向世人公告其研究成果的学术阵地，比较完整地涵盖了中国营造学社同仁的学术思想，也是发掘、研究中国营造学在历史上、美术上历劫不磨之价值的重要体现。《中国营造学社汇刊》成为中国建筑史上珍贵的历史资料。

在1930~1945年的15年间，《中国营造学社汇刊》共刊行7卷23期22册（第四卷第三期、第四期合为1册），发表各类文章140多篇。《中国营造学社汇刊》为16开本，约计5760页、2480幅插图，内容涉及学术思想与理论探讨、文献典籍整理、考证与调查、文物建筑与保护、图样与料例及工程做法、译文、杂著等七大类。

---

❶ 崔勇著《中国营造学社研究》附录2"大事记"中为"1945年"；此处"1946年"系根据杨永生续编《哲匠录》"朱启钤"条目；郭黛姮著"中国营造学社的历史贡献"记有"1947年莫宗江、吴良镛等测绘了恭王府"。

❷ 中国营造学社.中国营造学社汇刊[M].北京：知识产权出版社，2006：第一卷第一册：中国营造学社开会演词.

二、《中国营造学社汇刊》复原出版工程

《中国营造学社汇刊》刊行后，成为当时及后人研究中国传统建筑、中国传统文化的重要参考文献。但中国营造学社存在之时，时局极为动荡，尤其1937年"七七"事变后，《中国营造学社汇刊》一度停刊。当时其印量较小，加之时间久远渐近损朽，至今已远远满足不了读者的需求。

2006年，知识产权出版社在中国文物学会、清华大学建筑学院的支持下，进行了《中国营造学社汇刊》的复原出版工作。该工作历时近两年，分别以罗哲文先生、刘叙杰先生、卢绳夫人孔德坪先生、杨永生先生藏本为底本，依原版式样重排出版了《中国营造学社汇刊》，并新增总目一册。

此项工作得到了读者和出版管理部门的极大肯定。2008年，重排版《中国营造学社汇刊》获得了"中华优秀出版物图书提名奖"。

三、本书出版说明

笔者作为重排版《中国营造学社汇刊》的责任编辑，经历了从搜集底本、制订出版方案、查证缺失内容、辨别模糊字迹、记载原书可能存在的错漏等各项工作，并对相关工作进行了详细的记录，为本书的出版奠定了一定的基础。

笔者试图提炼出《中国营造学社汇刊》各篇文章的内容提要，但因学识所限，恐多有误读，甚至穿凿附会。因此，在本书初稿完成后，重又通读原文，尽力参考相关资料，提高了断句和标点的准确性，以及原文中可能存在的错漏的判断力。

本书的目的主要是让读者能对《中国营造学社汇刊》有一大致的了解，进而萌生继续研读原文的兴趣。因此，在拟写提要的同时，引用了部分原文，对于有重要导读价值的个别篇章，则全文抄录。

对引用或抄录的原文，采用了以下处理方式：

（1）原刊中文皆为繁体，为便于阅读，引用或抄录时改为简体。对《中国营造学社汇刊》中引用的个别文献，当出于反映其文字原貌的需要时，则保留其繁体。对于异体字，一般未予改动，对较生僻者则于页下加注说明。

（2）疑原文有错者，均悉心查证。对较有把握者将原文加以改动，对无把握者仍保留原文，但均于页下加注说明。

（3）原刊中文均无标点，或为旧式标点，引用或抄录时大部分采用了新

式标点。也有个别篇章标点较难，恐引起误读，仍保持原状。对原文个别断句不妥之处，重新标点，一般不作说明。

对原文其他信息的处理方式如下：

（1）原刊7卷中，自第三卷第二期起为"第×卷第×期"，之前为"第×卷第×册"，本书表述时未做改动。

（2）原刊中存在同一作者使用不同名、一物数名的现象，表述时悉遵原文，未予统一。

（3）每篇篇名下，本书按其原刊标明之出版日期、所在卷期、所属专栏名称、作者的顺序列出文献信息（有的卷期无专栏名称、无作者名）。某些卷期的出版日期，其在版权页、封四（英文目录）的表述不一致。因较难查证准确的日期，只能推测较晚的日期应为其实际的出版日期，因此本书一般采用较晚的日期。

（4）除特别说明外，本书页下注均为本书作者所加。

（5）除特别注明外，书中插图均来自原刊。

笔者对中国古建筑怀有浓厚兴趣，并敬仰中国营造学社先贤对于中国传统建筑研究的执着及重大贡献。但笔者所学非建筑、也非语言文字专业，做此提要，不免战战兢兢。其中涉及专业的表述可能不甚恰当，将引文繁体改为简体不免存在未改全甚至改错的情况，采用新式标点恐有断句之谬，望读者批评指正。

本书栏目的分类，部分参考了崔勇先生的《中国营造学社研究》。提要的写就，参考了相关著述及网络上散见的一些文章，并注明了出处，在此一并致谢。

黄清明
2014年春

目 录

第一类　学术思想与理论探讨 …………………………………（1）

1　中国营造学社缘起 …………………………………………（3）
2　中国营造学社开会演词 ……………………………………（7）
3　复刊辞 ………………………………………………………（12）
4　为什么研究中国建筑 ………………………………………（15）
5　中国建筑之两部"文法课本" ………………………………（16）
6　汉代建筑式样与装饰 ………………………………………（18）
7　覆艾克教授论六朝之塔 ……………………………………（20）
8　云冈石窟中所表现的北魏建筑 ……………………………（21）
9　我们所知道的唐代佛寺与宫殿 ……………………………（23）
10　唐宋塔之初步分析 …………………………………………（25）
11　宋永思陵平面及石藏子之初步研究 ………………………（26）
12　《万年桥志》述略 …………………………………………（27）
13　石轴柱桥述要（西安灞、浐、丰三桥）…………………（29）
14　现代住宅设计的参考 ………………………………………（30）

第二类　文献典籍整理 …………………………………………（31）

15　圆明园遗物与文献 …………………………………………（33）
16　圆明园匾额清单 ……………………………………………（36）
17　工段营造录 …………………………………………………（37）
18　《园冶》识语 ………………………………………………（38）
19　哲匠录 ………………………………………………………（39）
20　梓人遗制 ……………………………………………………（40）

1

	21	明代营造史料 ……………………………………………… (41)
	22	题姚承祖《补云小筑》卷 ………………………………… (43)
	23	同治重修圆明园史料 ……………………………………… (43)
	24	抚郡《文昌桥志》之介绍 ………………………………… (44)
	25	存素堂入藏图书河渠之部目录 …………………………… (44)
	26	东西堂史料 ………………………………………………… (46)
	27	识小录 ……………………………………………………… (46)
	28	元大都寺观庙宇建置沿革表 ……………………………… (47)
第三类		考证与调查 …………………………………………………… (49)
	29	仿宋重刊《营造法式》校记 ……………………………… (51)
	30	王观堂先生涉及《营造法式》之遗札 …………………… (52)
	31	英叶慈博士以《永乐大典》本《营造法式》花草图式与仿宋重刊本互校之评论 ……………………………… (53)
	32	《营造法式》版本源流考 ………………………………… (55)
	33	元大都宫苑图考 …………………………………………… (57)
	34	任启运《宫室考》校记 …………………………………… (59)
	35	旧京发现岐阳王世家文物纪事 …………………………… (60)
	36	蓟县独乐寺观音阁山门考 ………………………………… (61)
	37	北平智化寺如来殿调查记 ………………………………… (63)
	38	《大唐五山诸堂图》考 …………………………………… (66)
	39	宝坻县广济寺三大士殿 …………………………………… (68)
	40	开封之铁塔 ………………………………………………… (69)
	41	琉璃釉之化学分析 ………………………………………… (70)
	42	平郊建筑杂录 ……………………………………………… (71)
	43	大壮室笔记 ………………………………………………… (72)
	44	福清二石塔 ………………………………………………… (74)
	45	正定调查纪略 ……………………………………………… (75)
	46	明长陵 ……………………………………………………… (76)
	47	大同古建筑调查报告 ……………………………………… (77)
	48	赵县大石桥 ………………………………………………… (79)
	49	穴居杂考 …………………………………………………… (81)

50	定兴县北齐石柱	(82)
51	泉州印度式雕刻	(84)
52	晋汾古建筑预查纪略	(86)
53	易县清西陵	(88)
54	河北省西部古建筑调查纪略	(90)
55	北平护国寺残迹	(91)
56	清故宫文渊阁实测图说	(92)
57	清《皇城宫殿衙署图》年代考	(93)
58	汴郑古建筑游览纪录	(94)
59	苏州古建筑调查记	(95)
60	元大都城坊考	(96)
61	河南省北部古建筑调查记	(98)
62	明鲁班《营造正式》钞本校读记	(101)
63	记山西五台山佛光寺建筑	(102)
64	云南一颗印	(104)
65	旋螺殿	(106)
66	宜宾旧州坝白塔宋墓	(107)
67	四川南溪李庄宋墓	(108)
68	云南之塔幢	(109)
69	成都清真寺	(110)
70	山西榆次永寿寺雨花宫	(111)
71	汉武梁祠建筑原形考	(111)
72	乾道辛卯墓	(113)

第四类 文物建筑与保护 (115)

73	日本古建筑物之保护	(117)
74	故宫文渊阁楼面修理计划	(118)
75	杭州六和塔复原状计划	(119)
76	曲阜孔庙之建筑及其修葺计划	(121)

第五类 图样与料例及工程做法 (131)

77	建筑中国式宫殿之则例	(133)

78	建筑中国式宫殿之则例	(135)
79	乾隆御题生春诗图	(137)
80	营造算例	(138)
81	牌楼算例	(139)
82	仿建热河普陀宗乘寺诵经亭记	(141)
83	清官式石桥做法	(143)
84	清官式石闸及石涵洞做法	(146)
85	《建筑设计参考图集》叙	(148)
86	《建筑设计参考图集》简说	(153)
87	中国营造学社桂辛奖学金民国三十三年度中选图案	(155)

第六类 译 文 .... (157)

88	英叶慈博士《营造法式》之评论	(159)
89	法人德密那维尔氏评宋李明仲《营造法式》	(163)
90	英叶慈博士论中国建筑	(165)
91	英人爱迪京氏《中国建筑》	(167)
92	乾隆西洋画师王致诚述圆明园状况	(169)
93	乾隆朝西洋画师王致诚述圆明园轶事	(171)
94	法隆寺与汉六朝建筑式样之关系	(171)
95	玉虫厨子之建筑价值并补注	(174)

第七类 杂 著 .... (177)

96	宋李明仲先生像	(179)
97	李明仲八百二十周忌之纪念	(180)
98	朱桂辛先生六十造像	(180)
99	社长朱桂辛先生周甲寿序	(181)
100	征求《营造法式》佚存图籍启事	(183)
101	《营造法式》印行消息	(183)
102	《营造辞汇》纂辑方式之先例	(184)
103	英锡寇克氏介绍本社汇刊之传单	(184)
104	参观日本《现代常用建筑术语辞典》编纂委员会纪事	(185)
105	梁任公先生题识《营造法式》之墨迹	(186)

106	琉璃窑轶闻	(187)
107	伯希和先生关于敦煌建筑的一封信	(188)
108	图书介绍	(189)
109	书评	(193)
110	社事纪要	(195)
111	本社纪事	(197)
112	编辑后语	(203)

参考文献 ……………………………………………………（204）

第一类　学术思想与理论探讨

在《中国营造学社汇刊》（以下简称《汇刊》）刊载的 140 多篇各类文章中，反映学术思想和建筑理论探讨的内容约占 10%，虽然第一期、最后一期都有刊载，但显相对薄弱。

本类前三篇对于全面了解中国营造学社及其《汇刊》具有重要意义，在每篇提要后，均抄录《汇刊》全文，以方便有兴趣的读者研读。

篇　目

1	中国营造学社缘起	第一卷第一册
2	中国营造学社开会演词	第一卷第一册
3	复刊辞	第七卷第一期
4	为什么研究中国建筑	第七卷第一期
5	中国建筑之两部"文法课本"	第七卷第二期
6	汉代建筑式样与装饰	第五卷第二期
7	覆艾克教授论六朝之塔	第四卷第一期
8	云冈石窟中所表现的北魏建筑	第四卷第三、四期
9	我们所知道的唐代佛寺与宫殿	第三卷第一册
10	唐宋塔之初步分析	第六卷第四期
11	宋永思陵平面及石藏子之初步研究	第六卷第三期
12	《万年桥志》述略	第四卷第一期
13	石轴柱桥述要（西安灞、浐、丰三桥）	第五卷第一期
14	现代住宅设计的参考	第七卷第二期

1 中国营造学社缘起

1930年7月／第一卷第一册／专著／朱启钤❶

"缘起"，本佛教术语，言一切皆由诸因缘和合而成。然从以下作者生平及所作"中国营造学社缘起"，或可知"任职北洋政府内务部总长、交通部总长，脱离政界，于山东经营中兴煤矿，创办北戴河地方自治公益会，发现宋《营造法式》，创办营造学社，申请中美庚款以资研究，致力于绝学大昌，群材致用，发皇国粹"等，有甚幸之偶然，又有一系列机缘巧合之必然。

朱启钤（1872~1964），字桂辛，晚年号蠖公，祖籍开州（今贵州开阳），1872年11月12日生于河南信阳，1964年2月26日卒于北京。

1894年开始任职于四川泸州盐务局。1899年于上海出口捐局任职。1902年于北京路矿局任职，后调译学馆任提调，1903年升任译学馆监督。1904年与袁世凯相识，候政北洋。1905年赴天津主持天津习艺所工程。1906年任京师内城巡警厅厅丞（巡警厅兼管市政）。1908年任蒙务局督办。1910年于邮传部任丞参，兼津浦路北段总办，筹建山东泺口黄河桥工程。

1911~1912年任京浦路督办。1912年任北洋政府交通部总长。1915年任内务总长，兼任交通总长。1917年后脱离政界，经营山东峄县中兴煤矿公司。1918年创办北戴河地方自治公益会，任会长。

1919年，在南京发现宋《营造法式》一书，并委托商务印书馆出版。❷ 1925年，个人出资创办"营造学社"。1929年，在北平中央公园（今中山公园）举办中国古建筑书籍、资料、模型展览会。此后由周诒春协助向中美庚款基金会申请了一笔研究中国古建筑经费，遂于1930年2月正式创立"中国营造学社"，并任社长，至1946年学社解散。❸

---

❶ 中国营造学社社长。

❷ 朱启钤受徐世昌总统委托，赴上海以北方代表的资格出席南北议和会议。就在这次赴上海途经南京时，朱启钤在江南图书馆发现手抄木宋《营造法式》，于是通过江苏省严震省长将该书借出，委托商务印书馆影印出版，以传后世。转引自：崔勇. 中国营造学社研究［M］. 南京：东南大学出版社，2004：53.

❸ 杨永生. 哲匠录［M］. 北京：中国建筑工业出版社，2005：222.

此文作于1929年3月24日，对中国营造学的价值、研究营造学之起因、研究方法、学社使命等加以论述。兹全文抄录如下。

中国营造学社缘起

中国之营造学，在历史上，在美术上，皆有历劫不磨之价值。启钤自刊行宋李明仲《营造法式》，而海内同志，始有致力之涂辙。年来东西学者，项背相望，发皇国粹，靡然从风。方今世界大同，物质演进。兹事体大，非依科学之眼光，作有系统之研究，不能与世界学术名家，公开讨论。启钤无似，年事日增，深惧文物沦胥，传述渐替。爰发起中国营造学社，纠合同志若而人，相与商略义例，分别部居，庶几绝学大昌，群材致用。

工艺经诀之书，非涉俚鄙，即苦艰深。良由学力不同，遂滋隔阂。李明仲以渊雅之材，身任将作。乃与造作工匠，详悉讲究，勒为法式，一洗道器分涂、重士轻工之锢习。今宜将李书读法、用法，先事研穷；务使学者，融会贯通；再博采图籍，编成工科实用之书。

营造所用名词术语，或一物数名，或名随时异。亟应逐一整比，附以图释，纂成营造词汇。既宜导源训诂，又期不悖于礼制。古人宫室制度之见于经史百家者，皆宜取证，并应注重实物。凡建筑所用，一甓❶一椽，乃至冢墓遗文、伽蓝❷旧迹，经考古家、美术家、收藏家，所保存所记录者，尤当征作资料，希其援助。至古人界画粉本——实写真形，近代图样模型影片，皆拟设法访求。

李书于制度、功限料例，固已示营造之津梁。而北宋迄今，又逾千载，世运推迁，质文递嬗。辽金元明之遗物，塔寺宫殿，硕果尚存。明清会典，及则例做法，令甲具在。由此推求，可明制度之因革。曩年于李书图样付印之际，就现存宫阙之间架结构，附撰今样，一并印行，已见一斑。功限料例，为民生物力，隆替所关，于时代性尤易表著。清代雍乾年间，工部物料价值，以及各省工料价值诸书，与内庭、圆明园等工料则例，皆属官书。居今稽古，不难推知佣值之高下，物力之变迁。盖工部所营，如坛庙、宫殿、城垣及廨舍、仓库，崇庳有度，经制悉准典章。其内庭及圆明园所营，苑囿、寺观，及装修陈设，穷奇侈巧，结构恢诡。然匠心所运，不踰规距。历史象征，固班班可考者也。

---

❶ 甓（pì），砖。
❷ 伽蓝，寺院。

挽近以来，兵戈不戢，遗物摧毁，匠师笃老，薪火不传。吾人析疑问奇，已❶感竭蹶。若再濡滞，不逮数年，阙失弥甚。曩因《会典》及《工部工程做法》，有法无图，鸠集师匠，效《梓人传》之画堵，积成卷轴。正拟增辑图史、广征文献，又与二三同志，闭门冥索。致力虽勐，程功尚尠；却运无常，吾为此惧。亟欲唤起并世贤哲，共同讨究。或以智识，相为灌输；或以财物，资其发展。就此巍然独存之文物，作精确之标本，又不难推陈出新，衍绎成书，以贡献于世界。

学社使命，不一而足。事属草创，亦无先例之可循。顾所以自励，及蕲望于社会众者，厥有数端。诚知挂漏❷，姑举一隅。

一、属于沟通儒匠、浚发智巧者。

讲求李书读法、用法，加以演绎。节并章句，厘定表例。广罗各种营造专书，举其正例变例，以为李书之羽翼。

纂辑营造词汇。于诸书所载，及口耳相传，一切名词术语，逐一求其理解。制图、摄影，以归纳方法。整理成书，期与世界各种科学辞典，有同一之效用。

辑录古今中外营造图谱。方式变化，具有时代性及地域关系。中外互通，东西文化汇合之源流，极有研究之价值。此种图谱，一经考证，即为文化重要之史料。

编译古今东西营造论著，及其轶闻。以科学方法整理文字，汇通东西学说，藉增世人营造之智源。

访问大木匠师，各作名工，及工部老吏样房算房专家。明清大工，画图估算，出于样房算房，本为世守之工，号称专家，至今犹有存者。其余北京四大厂商，所蓄匠师，系出冀州，诸作皆备。术语名词，实物构造，非亲与其人讲习，不能剖析。制作模型，烫样傅彩，亦有专长。至厂商老吏，经验宏富者，工料事例，可备咨询。

二、属于资料之征集者。

实物：古今器物及遗物之全体，或抽象，凡有资于证明者。

图样：古今实写及界画粉本，式样模型。

摄影：实物遗物之不易移动或剖析，及不能图释者。

金石拓本及纪载图志：金石之有雕镌花纹，及方志等书，纪载建筑实事者。

---

❶ 原文为"已"，似有误。
❷ 原文为"罣漏"，同义。

远征搜集：远方异域，有可供参考之实物，委托专家，驰赴调查，用摄影及其他诸法，采集报告，以充资料。

古籍：《考工记》、《尔雅》以降，经史百家，及域外佚存，舶来秘本，凡涉及营造事实，及可供参证者。

于前项工作，具有眉目时，即可以一部分之成绩品，提供于世界。此为本学社最后一步之工作。姑就鄙人现有之资料，预拟总目如下。

甲部 释名

词汇。

乙部 论著

制度沿革，各书举证，各式举证，收藏品之全景，遗物之标本，轶闻。

丙部 法式

大木作（斗科附），小木作（内外装修附），雕作（旋作锯作附）石作，瓦作，土作，油作，彩画作，漆作，塑作（释道相装銮附），砖作（坎凿附），琉璃窑作，搭材作，铜作，铁作，裱作，工料分析，物料价值考。

丁部 诸例

内庭工程做法，圆明园内工诸作则例，万寿山内工诸作则例，制造库诸作则例，城垣工程，陵寝工程，河渠工程，河工，海塘，漕河，江防，桥梁，沟渠。

三、编辑进行之程序

成书假定以五年为期。

第一年工作：搜集资料，整理故籍，商榷义例，拟定表式。

第二年工作：审订已有图释之名词，先制卡片，以备社员之讨论，逐渐引伸。

第三年工作：综合资料，制图撰说，审核体例。

第四年工作：分科编纂，订正图表。

第五年工作：撰拟总释、序例，成为有系统之学说，准备出版。

以上五期之中，或印行定期及单行之出版物，或汇集每期征集之资料，公开展览。其办法及程度，均依本会经济之能力及社员公意行之。

通艺之事，既重专攻，又贵在集思广益。北平为文化中心，亦即营造学、历史、美术之宝库，自宜暂以北平为社址。如能与中外专家，交换学识，尤所忻盼。所冀大雅闳达，不我遐弃，切磋孟晋，何幸如之！

中华民国十八年三月二十四日

紫江朱启钤

2　中国营造学社开会演词

1930年7月/第一卷第一册/专著/朱启钤

此文作于1930年2月26日，本篇之后附有英译开会演词。

文中主要述及作者何以对营造研究发生兴趣、对营造学相关文献及口耳相传的工程做法的处理态度、发现《营造法式》后之所为、营造史与民族文化演进之关系、学社发起之由及与其后进行之准则、研究方法等。

在谈到学社命名时，强调了学社营造研究并非专限于建筑本身，而是凡属实质的艺术，无不包括。凡彩绘、雕塑、染织、髤漆、铸冶、抟埴、一切考工之事，皆为学社所有之事。推而极之，凡信仰、传说、仪文、乐歌，一切无形之思想背景，属于民俗学家之事，亦皆学社所应旁搜远绍者。之所以如此，是为彰显营造于全部文化之关系。

末尾尤其提到东邻日本及西方学者对我国古建筑的研究，以及其研究对学社研究带来的益处。❶

兹全文抄录如下。

中国营造学社开会演词

今日本社，假初春胜日，与同志诸君，一相晤聚。荷蒙联袂偕临，宠幸何极。溯本社成立以经过情形，与今后从事旨趣，有应举为诸君告者，请得以自由之形式，略抒胸次所怀，惟诸君察焉。

启钤个人，问学无成，年事又衰，曷敢以专门之学相标尚。顾一生经历，所以引起营造研究之兴会，而居然忝窃识途老马之虚名者，度亦诸君所欣然愿闻者也。溯前清光绪末叶，创办京师警察，于官殿、苑囿、城阙、衙署，一切有形无形之故迹，一一周览而谨识之。于时学术风气未开，学士大夫所兢兢注意者，不过如《日下旧闻考》、《春明梦余录》之所举，流连景物而已。启钤则以司隶之官，兼将作之役，所与往还者，颇有坊巷编氓，匠师耆

---

❶ 东邻日本及西方学者对我国古建筑及壁画等艺术的研究，确能对我文化研究有所裨益。但同时我们也看到，其中不乏对我宝藏进行掠夺的身影。

宿。聆其所说，实有学士大夫所不屑闻，古今载籍所不经觏。而此辈口耳相传，转更足珍者，于是蓄志旁搜，零闻片语，残鳞断爪，皆宝若拱璧。即见于文字而不甚为时所重者，如工程则例之类，亦无不细读而审详之。启钤之学，不足以横览古今，然心知故书所存，尚有零坠晦蚀，待吾人之梳剔者，实自此始矣。民国以后，滥竽内部，兼督市政，稍称有所凭借。则志欲举历朝建置，宏伟精丽之观，恢张而显示之。先后从事于殿坛之开放、古物陈列所之布置、正阳门及其他市街之改造。此时耳目所触，愈有欲举吾国营造之瑰宝，公之世界之意。然兴一工举一事，辄感载籍之间缺，咨访之无从。以是蓄意，再求故书，博征名匠。民国七年，过南京，入图书馆，浏览所及，得睹宋本《营造法式》一书。于是始知吾国营造名家，尚有李诫其人者，留书以诒世。顾其书若存若佚，将及千年，迄无人为之表彰。遂使欲研究吾国建筑美术者，莫知问津。启钤受而读之，心钦其述作传世之功，然亦未尝不于书中生僻之名词、讹夺之句读，兴望洋之叹也。于是一面集赀刊布，一面悉心校读，几经寒暑，至今所未能疏证者，犹有十之一二。然其大体，已可句读。且触类旁通，可与它书相印证者，往往而有。自得李氏此书，而启钤治营造学之趣味乃愈增，希望乃愈大，发见亦渐多。

　　向者已云营造学之精要，几有不能求之书册，而必须求之口耳相传之技术者。然以历来文学，与技术相离之辽远，此两界殆终不能相接触。于是得其术者，不得其原；知其文字者，不知其形象。自李氏书出，吾人然后知尚有居乎两端之中。为之沟通媒介者在，然后知吾人平日，所得于工师，视为若可解若不可解者，固犹有书册可证。吾人幸获有此凭借，则宜举今日口耳相传、不可长恃者，一一勒之于书。使如留声、摄影之机，存其真状，以待后人之研索。非然者，今日灵光仅存之工师，类已踽躅穷途，沈沦暮景。人既不存，业将终坠，岂尚有公于世之一日哉。

　　虽然犹有进者。李氏生当北宋，去有唐之遗风未远。其所甄录，固粗可代表唐代之艺术，由此以上溯秦汉，由此以下视近代。若者为进化，若者为退步，若者为固有，若者为输入，此皆可以慧眼观测而得者也。然史迹之层累，皆挟多方之势力，积多种之原因而成。李氏书其键钥也，恃此键钥，可以启无数之宝库。然若抱此一书，而沾沾自足，则去吾曹所拟之正鹄犹远也。故因李氏书，而发生寻求全部营造史之涂径。因全部营造史之寻求，而益感于全部文化史之必须作一鸟瞰也。

　　夫所以为研求营造学者，岂徒为材木之轮奂，足以炫耀耳目而已哉。吾民族之文化进展，其一部分寄之于建筑。建筑于吾人生活最密切，自有建筑，而后有社会组织，而后有声名文物。其相辅以彰者，在在可以觇其时代，由此而文化进展之痕迹显焉。晚近王国维先生，著《古宫室考》，于中溜❶一名辨其所在，为《礼记》"国主社稷而家主中溜"一句，获一确切不移之解。知中溜为四宫之中央，则知明堂，为古代建筑通式，宜乎为一切号令政教所从出也。知中溜为一家之中心，则知五祀之所以为民间普通信仰，而数千年来盘踞民众心理者，其来有自也。循此以读群书，将于古代政教风俗、社会信仰、社会组织，左右逢原，豁然贯通，无不如示诸掌。岂惟古代，数千年来之政教风俗、社会信仰、社会组织，亦奚不由此，以得其源流，以明其变迁推移之故。凡此种陈义，固今世治史学诸公所共喻，无俟系征曲譬。假若引其端而申论之，将穷日夜而不能罄。今兹立谈之顷，更不暇多所引述。总之研求营造学，非通全部文化史不可。而欲通文化史，非研求实质之营造不可。启钤十年来粗知注意者，如此而已。

　　言及文化之进展，则知国家界限之观念，不能亘置胸中。岂惟国家，即民族界限之观念，固亦早不能存在。吾中华民族者，具博大襟怀之民族。盖自太古以来，早吸收外来民族之文化结晶，直至近代而未已也。凡建筑本身，及其附丽之物，殆无一处不足见多数殊源之风格，混融变幻以构成之也。远古不敢遽谈，试观汉以后之来自匈奴西域者，魏晋以后之来自佛教者，唐以后之来自波斯大食者，元明以后之来自南洋者，明季以后之来自远西者，其风范格律，显然可寻者。因不俟吾人之赘词，至于来源隐伏，佚出史乘以外者，犹待疏通证明，使从其朔，然后不独吾中国也。世界文化迁移分合之迹，皆将由此以彰，此则真吾人今日所有事也。启钤于民国十年，历游欧美。凡所目睹，足以证东西文化，交互往来之故者，实难❷尽记。往往因为所见，而触及平日熟诵之故书，顿觉有息息相通之意。一人之智识有限，未启之闭奥❸实多，非合中外人士之有志者，及今旧迹未尽沦灭，奋力为之不为功。然须先为中国营造史，辟一较可循寻之涂径，使漫无归束之零星材料，得一整比之方，否则终无下手处也。

　　启钤之有志鸠合同志，从事整理，盖始于此矣。近数年来，披阅群书，分类钞撮，其于营造有关之问题，若漆若丝若女红、若历代名工匠之事迹，

---

❶ 原文为"雷"。
❷ 原文为"離"。
❸ 原文为"閟奥"。

略已纂辑成稿。又访购图画，摹制模型，亦颇有难得之品。曾于十七年春间，假中央公园陈列一次。嗣是以来，承中华文化基金委员会之赞助，拨给专款，俾得立社北平，粗成一私人研究机关。草创之际，端绪甚纷，布置经月，始有眉目。今兹所拟克期成功，首先奉献于学术界者，是曰《营造词汇》。是书之作，即以关于营造之名词，或源流甚远，或训释甚艰，不有词典以御其系，则征书固难，考工亦不易。故拟广据群籍，兼访工师，定其音训，考其源流；图画以彰形式，翻译以便援用。立例之初，所采颇广，一年后当可具一长编，以奉教于当世专门学者。

然逆料是书之成，亦非易易，何也？古代名词，经先儒之聚讼，久难论定，以同人之学识，即仅征而不断，固已舛漏堪虞，一也；专门术语，未必能一一传之文字，文字所传，亦未必尽与工师之解释相符，二也；历代文人用语，往往使实质与词藻不分，辨其程限，殊难确凿，三也；时代背景，有与工事有关，不能不亦加诠列者，然去取之间，难免疏略，四也。

顾启钤以为不有椎轮，曷观大辂，是书姑为营造学索引而已。有此一编，不独读者，可以触类旁通，即同人编纂此书，亦于整此之余，得以浚发新知。平日所视为无足经意者，两相比附，而一线光明，突然呈露矣。同人今日原不能于此学，遽有贡献，然甚望因此引起未来之贡献也。

类乎此者之整比工作，则有各种工程则列之编订。盖考工之书，人患难读者，其字句无意义可寻也。平时连列盈架，展卷一视，则满眼数字，读之辄苦无味，检之则又费时。此非就其原料，重加排比不可也。试以表格之式编之，则向之臭腐，悉化为神奇矣，岂惟有助于所谓名词之训释而已。凡工费之繁省，物价之盈缩，质料之种类来源，构造之形式才法，胥于此见之。由此而社会经济之状况，文化升降之比较，随仁者智者所见之不同，尽有可研索者在也。

虽然平面之观察未尽也，启钤所有志者，更为一纵剖之工作。自有史以来，关于营造之史迹是也，初民生活之演进，在在与建筑有关。试观其移步换形，而一切跃然可见矣。周之明堂，为其立国精神之所寄托。其始于何时邪❶？其创邪其因邪？《孟子》记齐宣王有毁明堂之议，其遗留迄于何时而后毁邪？后之继起者，其规模有以异于其初邪？秦始皇并六国，然后有阿房宫之建，其以何因缘而成邪？出自何人之力邪？其创邪其因邪？其受影响何自邪？其遗留迄于何时而后尽毁邪？其后有效之而继起者邪？其规模有尚存于后代者邪？

凡此皆史乘上绝巨问题，即其一而研求之，足以使吾人认识吾民族之文化。

---

❶ 原文为"為其立國精神之所寄。託其始於何時邪"。

更深一层是宜有一自上而下之表格，以显明建筑兴废之迹。

匪独此也。一种工事之盛于某时代、某地域，其背景盖无穷也。齐之丝业发达，自其始封时而已然。有周一代，惟齐衣被天下，齐之在周，正如曼彻司特之在今日。汉初犹有三服官，其后遂渐无闻。汉初绣业，盛于襄邑。而季汉以来，织锦盛于巴蜀。巴蜀之富，半亦以此。历唐迄宋，莫不皆然，此后亦复无闻。近年乐浪汉墓中，掘出之髹器铭文，多云蜀西工及广汉工官，始知汉之漆工，集中巴蜀。与金银扣器，同一地域（见《汉书·贡禹传》）。而唐代漆器出产地，则移于襄州，试思此于社会经济势力之推迁关系为何等邪。

更不独此也。凡工匠之产生，亦与时代有关。名工师之生，有荟集于一时者，有亘数百年而阒然无闻者。契丹入晋，虏其工匠北迁，以达其北朝艺术。蒙古立国同，亦屡征天下名工，集之定州。其南方之工艺，则靖康南渡，名工集于吴下洪武营南京，悉为吴匠，吴匠聚于苏州之香山。永乐营北京，复用北匠，聚于冀州。此其故皆不可不深察也。故工匠之分配，亦纵断之观察，所不可不及也。

纵断既竟，请言横断。吾国太古之文明，实与西方之交通，息息相关。近来治西北史地者，致力于是，已不少创获之新解矣。凡一种文化，决非突然崛起，而为一民族所私有。其左右前后，有相依倚者，有相因袭者，有相假贷者，有相缘饰者。纵横重迭，莫可穷诘，爰以演成繁复奇幻之观。学者循其委以竟其原，执其简以御其变。而人类全体活动之痕迹，显然可寻。此近代治民俗学者所有事。而亦治营造学者，所同当致力者也。有史以来，中外交通史迹之最显著者，若穆天子传为一期，汉通西域为一期，法显为一期。玄奘为一期，蒙古帝国为一期，郑和下南洋为一期，耶稣会教士东来为一期。试就循其往来之迹，此横断之法也。

有纵断之法，以究时代之升降；有横断之法，以究地域之交通。综斯二者以观，而其全庶乎可窥矣。

综以上诸说，本社胎孕之由，与今后进行之准则，差具梗概，抑有进者。启钤老矣，纵有一知半解，不为当世贤达所鄙弃，亦岂能以桑榆之景，肩此重任。所以造端不惮宏大者，私愿以识途老马，作先驱之役，以待当世贤达之闻风兴起耳。本社命名之初，本拟为中国建筑学社。顾以建筑本身，虽为吾人所欲研究者，最重要之一端，然若专限于建筑本身，则其于全部文化之关系，仍不能彰显。故打破此范围，而名以营造学社，则凡属实质的艺术，无不包括。由是以言，凡彩绘、雕塑、染织、髹漆、铸冶、抟埴、一切考工之事，皆本社所有之事。推而极之，凡信仰、传说、仪文、乐歌，一切无形之思想背景，属于民俗学家之事，亦皆本社所应旁搜远绍者。今日在座诸君，学有专长。兴有独寄，或精神上，得互助之益；或物质上，假参考之便。无论直接间接，皆本社最亲切之友朋。即今日未惠临，而多少与本社之事业有同情者，亦无不求其继续赞助。且也学术愈进步，则大同观念愈深，民族观念愈淡。今更重言以申明之，曰中国营造学社者，全人类之学术，非吾一民族所私有。吾东邻之友，幸为我保存古代文物，并与吾人工作方向相同。吾西邻之友贻我以科学方法，且时以其新解，予我以策励。此皆吾人所铭佩不忘，且日祝其先我而成功者也。且东方人士，近多致力于南部诸国之考索者。西方人士，多致力于中亚细亚之考索者。吾人试由中国本部同时努力前进，三面会合，而后豁然贯通，其结果或有不负所期者。启钤向固言之，学问固无止境。如此造端宏大之学术工作，更不知何日观成。启钤终身不获见焉，固其所矣。即诸君穷日孳孳，亦未敢即保其收获，至何程度。然费一分气力，即深一层发现。但问耕耘，不计收获。愿以此与同人互勉焉耳！

中华民国十九年二月十六日

3　复刊辞

1944 年 10 月/第七卷第一期

此文述及学社的迁移、调查研究概略、复刊的过程、受助情况及致谢。

1937 年 6 月，《中国营造学社汇刊》出版至第六卷第四期，不久后的 7 月 7 日，驻华日军炮轰宛平城（北京卢沟桥东），制造了震惊中外的"七七"事变。

从此，日军发动全面侵华战争，中国开始了全民族的抗日战争。学社被迫迁移，辗转长沙、昆明，1940 年迁往四川宜宾李庄。由于战事频繁，学社调查研究活动一时难以进行。

1941 年，学社同仁只能在宜宾地区就近调查了一些建筑，整理、测绘了佛光寺、永寿寺等处的图稿。1942 年，梁思成测绘了宜宾古建筑。1943 年莫宗江、卢绳测绘了宜宾旧州坝白塔及李庄旋螺殿。1944年，莫宗江、罗哲文、王世襄等测绘了李庄宋墓，刘致平详细调查了成都清真寺，还对民居进行了调查研究。

至此，《中国营造学社汇刊》在时隔七年后得以以石印形式复刊，是为第七卷第一期。发表在这一期卷首的复刊词，回顾了时局之艰辛、复刊之不易，虽无更多研读的价值，仍抄录于此，与本书开篇的"缘起"、"开会演词"相呼应，或可从中看出学社之起落因由。

复 刊 词

《中国营造学社汇刊》第六卷第四期出版的时候，正值"七七"抗战爆发。此后本社南迁到长沙，到昆明，又到了四川南溪的李庄。虽然在建筑调查研究及服务方面，我们都极力不使中辍，但本社刊物则因印刷方面的困难无法解决，停顿至今已满七年了。我们始终是心有余而力不足的。所以在"七七"以前已经本社在华北、江浙各地测绘摄影的若干建筑实物之图录，都未得机会发表。这些建筑中有许多是兼有历史艺术价值的颇为珍罕。我们对于它们的研究及报告，还没有整理出来同国内学界相研讨，实属憾事。

在抗战期间，我们在物质方面日见困苦，仅在捉襟见肘的情形下，于西南后方做了一点实地调查。但我们所曾调查过的云南昆明至大理间十余县，四川嘉陵江流域、岷江流域，及川陕公路沿线约三十余县，以及西康雅安、卢山二县，其中关于中国建筑工程及艺术特征亦不乏富于趣味及价值的实物。就建筑论：我们所研究的有寺观、衙署、会馆、祠、庙、城堡、桥梁、民居、庭园、碑碣、牌坊、塔、幢、墓阙、崖墓、券墓等。就建筑艺术方面言：西南地偏一隅，每一实物，除其时代特征外，尚有其他地方传统特征，值得注意。此外如雕塑、摩崖造象、壁画等"附艺"，在我们调查范围者，多反映时代及地方艺术之小准及手法，亦颇多有趣味之实例，值得汇集研究。

为急于见到我们所调查的纪录及报告，本社社友们曾多次建议我们恢复刊物。但因已往我们这种工作，最重照片及测绘图之清晰印刷，需用极精良之铜版锌版甚多，故在抗战后方未能努力做到。直到今年我们经再三踌躇考虑之后，始决定改弦更张，暂时因陋就简，降低印刷，改用石印。我们将插图直接绘版，而不用照片，只希望这简单图解，仍能将建筑结构之正确印象，略示梗概。原物艺术方面仅能努力在可能范围内表现一二，更精谙之图录只有俟诸将来。

我们数年来工作之得以继续，及今天这简陋刊物之得以付印，也还是藉着多方面的协助与维护的力量。在机关团体方面，我们应该感谢的很多。我们现在仅能在此简略的提起一些。我们感谢中华教育文化基金董事会在抗战以后每年继续所给我们的补助；中英庚款董事会多次所补助我们的工作费；民国卅年来每年教育部所拨给我们的特别补助；及最近行政院为我们追加预算。此外我们也要在此志谢的有民国廿九年冬建筑界同仁自动捐助我们由滇至川的迁移费，及同时中央研究院历史语言研究所借给车辆运送的便利。

在工作方面，我们感谢中央研究院历史语言研究所完备的图书馆数年以来所给我们特别借用参考图书之方便，国立中央博物院多次邀我们参加他们调查工作之机会，及最近邀入他们建筑史料编纂委员会之信任。其他如国立编译馆委托我们调查广汉建筑实物，及编纂英文《中国建筑及雕刻史略》，中央大学委托我们指导编制建筑史挂图，及江西建设厅委托我们设计重建滕王阁等等，也都给了我们许多工作的勇气及经验。至于个人对于我们表示兴趣及给予帮助的，我们更无法在此一一志谢了。

本期汇刊篇幅既不多，而且为表现建筑所必需的照片翻版，又付缺如，这使我们十分抱歉。我们只有希望今后鞭策自己，完成更精密的调查及研究，在抗战胜利后，能恢复以前汇刊的规模。

第七卷第一、第二期全部为手写，兹录"复刊辞"局部如下。

> 中國營造學社彙刊第六卷第四期出版的時候，正值七七抗戰爆發。此後本社南遷到長沙到昆明又到了四川南溪的李莊。雖然在建築調查研究及服務方面，我們都極力不使中輟，但本社刊物則因印刷方面的困難無法解決，停頓至今已滿七年了。我們始終是心有餘而力不足的。所以在七七以前已經本社在華北江浙各地測繪攝影的若干建築寶物之圖錄都未得機會發表。這些建築物中有許多是兼有歷史藝術價值的頗為珍罕。我們對於牠們的研究及報告，還沒有整理出來同國內學界相研討，實屬憾事。

"复刊辞"局部

4　为什么研究中国建筑

1944年10月／第七卷第一期／编者

　　此文述及中国金石书画素得士大夫之重视、建筑则每遭摧毁的原因，中国与西方国家对于古建筑研究的异同，中国未来艺术创造的趋势，文化价值的取向与新技术、新材料的适应，并指出研究中国建筑的最大意义："研究实物的主要目的则是分析及比较冷静的探讨其工程艺术的价值，与历代作风手法的演变。知己知彼，温故知新，已有科学技术的建筑师增加了本国的学识及趣味，他们的创造力量自然会在不自觉中雄厚起来。"

　　在时隔学社成立15年之后，何以提出这样的命题？

　　作者在目睹了其时30余年来西方文化的入侵、战争炮火下中国古建筑的种种破坏，仍然坚信"中国建筑既是延续了两千余年的一种工程技术，本身已造成一个艺术系统，许多建筑物便是我们文化的表现，艺术的大宗遗产"，"除非我们不知尊重这古国璀烂文化，如果有复兴国家民族的决心，对我国历代文物，加以认真整理及保护时，我们便不能忽略中国建筑的研究"，则充分地回答了这一问题。在西方文化与自我文化冲突的过程，如何保持对自我文化复兴的自信，作者给出这样的导向：

　　一个东方老国的城市，在建筑上，如果完全失掉自己的艺术特性，在文化表现及观瞻方面都是大可痛心的。因这事实明显的代表着我们文化衰落至于消灭的现象。四十年来几个通商大埠……曾不断的模仿欧美次等商业城市，实在是反映着外人经济侵略时期，大部建设本是属于租界里外人的，中国市民只随声附和而已。这种当然不含有丝毫中国复兴精神之迹象。

　　今后为适应科学动向，我们在建筑上虽仍同样的必需采用西洋方法，但一切为自觉的建设。由有学识、有专门技术的建筑师担任指导，则在科学结构上有若干属于艺术范围的处理必有一种特殊的表现。为着中国精神的复兴，他们会作美感同智力参合的努力……

5　中国建筑之两部"文法课本"

1945年10月/第七卷第二期/梁思成

作者认为，中国古籍中关于建筑学的术书只有两部，即清代工部所颁布的建筑术书《清工部工程做法则例》和宋代遗留至今的一部宋《营造法式》。

作者在论述了"文法"在建筑中的意义，以及中国建筑的"文法"课本在于《清工部工程做法则例》和《营造法式》两部书之后，研究、比较了这两部文法课本，其中更将斗栱作为一重要词汇进行阐述，其目的是为了让人了解"每一个派别的建筑，如同每一种的语言文字一样，必有它的特殊'文法'、'辞汇'"，"此种'文法'，在一派建筑里，即如在一种语言里，都是传统的演变的，有它的历史的"，"突然违例另创格式则自是另创文法"。作者对中国建筑的文法的尊崇，实质是倡导发扬中国传统之精髓，即使破旧立新也需知破何立何。❶ 兹抄录部分内容如下：

每一个派别的建筑，如同每一种的语言文字一样，必有它的特殊"文法"、"辞汇"[例如罗马式的"五范"（Five Orders），各有规矩，某部必须如此，某部必须如彼，各部之间必须如此联系……]。此种"文法"在一派建筑里，即如在一种语言里，都是传统的演变的，有它的历史的。许多配合定例，也同文法一样，其规律格式，并无绝对的理由，却被沿用成为专制的规律的。除非在故意改革的时候，一般人很少有逾越或反叛它的必要。要了解或运用某种文字时，大多数人都是秉承着、遵守着它的文法，在不自觉中稍稍增减变动。突然违例另创格式则自是另创文法。运用一种建筑亦然。

中国建筑的"文法"是怎样的呢？以往所有外人的著述，无一人及此，无一人知道。不知道一种语言的文法而要研究那种语言的文学，当然此路不通。不知道中国建筑的"文法"而研究中国建筑，也是一样的不可能，所以要研究中国建筑之先只有先学习中国建筑的"文法"，然后求明了其规矩则例之配合与演变。

清、宋两术书　中国古籍中关于建筑学的术书有两部，只有两部。清代工部所颁布的建筑术书《清工部工程做法则例》和宋代遗留至今日一部宋

---

❶ 陈薇.《中国营造学社汇刊》的学术轨迹与图景[J]. 建筑学报，2010（1）：77-83.

《营造法式》。这两部书，要使普通人读得懂都是一件极难的事。当时编书者，并不是编教科书，"则例"、"法式"虽至为详尽，专门名词却无定义亦无解释。其中有极通常的名词，如"柱"、"梁"、"门"、"窗"之类；但也有不可思议的，如"铺作"、"卷杀"、"襻间"、"雀替"、"采步金"……之类，在字典辞书中都无法查到的。且中国书素无标点，这种书中的语句有时也非常之特殊，读时很难知道在哪里断句。

幸而在抗战前，北平尚有曾在清宫营造过的老工匠，当时找他们解释，尚有这一条途径，不过这些老匠师们对于他们的技艺，一向采取秘传的态度，当中国营造学社成立之初，求他们传授时亦曾费许多周折。

以《清工部工程做法则例》为课本，以匠师们为老师，以北平清故宫为标本，清代建筑之营造方法及其则例的研究才开始有了把握。以实测的宋辽遗物与宋《营造法式》相比较，宋代之做法名称亦逐渐明了。这两书简单的解释如下：

（一）《清工部工程做法则例》是清代关于建筑技术方面的专书，全书共七十卷，雍正十二年（AD.1734）工部刊印。这书的最后二十四卷注重在工料的估算。书的前二十七卷举二十七种不同大小殿堂廊屋的"大木作"（即房架）为例，将每一座建筑物的每一件木料尺寸大小列举；但每一件的名目、定义、功用、位置及斫割的方法等等，则很少提到。幸有老匠师们指着实物解释，否则全书将仍难于读通。"大木作"的则例是中国建筑结构方面的基本"文法"，也是这本书的主要部分……

（二）《营造法式》，宋李诫著。李诫是宋徽宗时的将作少监；宋《营造法式》刊行于崇宁三年（公元1100），是北宋汴梁宫殿建筑的"法式"。研究宋《营造法式》比研究《清工部工程做法则例》曾经又多了一层困难：既无匠师传授，宋代遗物又少——即使有，刚刚开始研究的人也无从认识。所以在学读宋《营造法式》之初，只能根据着对清式则例已有的了解逐渐注释宋书术语；将宋清两书互相比较，以今证古，承古启今，后来再以旅行调查的工作，借若干有年代确凿的宋代建筑物，来与宋《营造法式》中所叙述者互相印证。换言之亦即以实物来解释《法式》，《法式》中许多无法解释的规定，常赖实物而得明了；同时宋辽金实物中有许多明清所无的做法或部分，亦因法式而知其名称及做法。因而更可借以研究宋以前唐及五代的结构基础。

宋《营造法式》的体裁，较《清工部工程做法则例》为完善。后者以二十七种不同的建筑物为例，逐一分析，将每件的长短大小呆呆板板地记述。

宋《营造法式》则一切都用原则和比例做成公式，对于每"名件"，虽未逐条定义，却将位置和斫割做法均详为解释。……

……

"大木作"是由每一组斗栱的组织，到整个房架结构之规定，这是这部书所最注重的，也就是上边所称为我国木构建筑的文法的。其他如"小木作"、"彩画"等，其中各种名称与做法，也就好像是文法中字汇语词之应用及其性质之说明，所以我们实可以称这两部罕贵的术书做中国建筑之两部"文法课本"。

6 汉代建筑式样与装饰

1934年12月／第五卷第二期／鲍鼎、刘敦桢、梁思成

两汉文化，上承殷周，中叶后渐渐受到西域和印度的影响，下启六朝佛教昌盛的先声，是我国固有文化第一次开始转变的一个重要时期。

作者认为，两汉时期的建筑及其装饰雕刻，多多少少也会受到这种转变的影响。作者所要研究的，即是两汉建筑的真面目——其形象如何？其所受外来影响至何程度？尤其是，我国建筑的结构原则，和结构所产生的外观是否发生变化？

作者认为，要想解答上述问题，首先必须明了周、秦以来至前汉初期我国固有建筑的式样，再与汉中叶以后的建筑进行比较。然而，六朝、隋、唐的木构建筑已无发现，更何况汉代建筑。如何解决此类问题，研究方法如何，从如下文字中或可找到答案。

故今日欲彻底解决此问题，在事实上，恐怕绝不可能。但退一步言，我们不问外来影响，至何程度，姑先搜集与建筑有关系的直接间接遗物，对汉代建筑式样和它的装饰，作初步分析，为将来研究的准备，也许是研究过程中不可缺的一种工作。

所谓直接遗物，就是山东、河南、辽宁、四川诸省的汉墓、墓祠、墓阙；和山东方面几种汉墓画像石；及散存各处的汉砖、瓦、石人、石兽，和墓内残存壁画等。间接遗物则有铜器、玉器、漆器，与陶制的明器多种。以上各项证物中所表示的建筑与装饰，因适合其本身制作目的和所用材料性质，致

所描绘或镌刻的式样，不尽相同。如陶制明器，为防止制作时弯曲破裂起见，四周多用墙壁包围起来，很少有独立凌空的圆柱或八角柱。但在浮雕历史故事为目的的画像石，便于点缀人物计，不论建筑物的面阔大小，只有左右两端二柱，其间很少有柱和墙壁、楣扇的存在。虽其表现法各有所偏，但我们由此可推测汉代版筑、砖砌及纯粹木造建筑物的大概情形。所以表现方法愈多，我们取材范围，也就更为广泛。

汉代建筑式样，见于画像石、明器、墓砖和其他遗物中的，有住宅、厅堂、亭、楼阁、门楼、阙、望楼、捕鸟塔，及墓祠、坟墓、仓、囷、羊舍、猪圈等等。以上各类建筑，依其本身性质和需要条件，形成各种不同的外观；为叙述便利计，先作总括的介绍，然后再讨论各部分特征。其余汉人词赋中所述的宫苑、陵寝，因证物缺乏，只能留作将来讨论资料，本文恕不涉及。

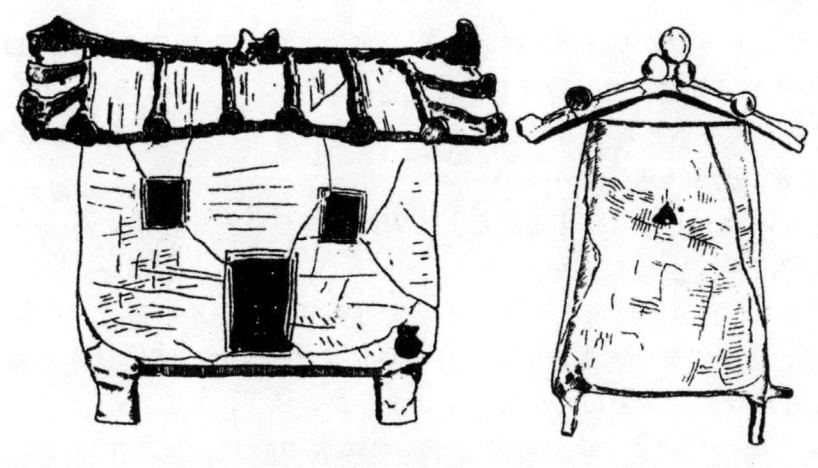

牧城驿汉代明器

文章先就国内外已知证物，依其性质作了简单的分类介绍。其后从以下方面分析了汉代建筑的细部结构，讨论了其特征。

屋顶

斗栱

柱及础石

门窗与发券

平坐及栏杆

台基

墙壁穹窿
装饰雕刻

7 覆艾克教授论六朝之塔

1933年7月/第四卷第一期/杂俎/刘敦桢

刘敦桢先生与覆艾克教授有关于六朝之塔的讨论：

日前倾谈甚快，垂询各节，适小病数日，致稽裁覆，甚歉，兹逐项奉答如次：

（一）日本奈良东大寺中门插栱上之横枋，日人称为"通肘木"，其发音为Torihijiki。

（二）尊论南北朝之塔，平面多作方形，证以山东历城县神通寺四门塔，及云岗雕刻，俱能一致，洵颠扑不破之论……

（三）南北朝之塔，散见诸书者，有石造、砖造、木造数种，就中华化程度最甚者，无如木塔一类……

（四）塔之上部，有柱高耸瓦上，饰以露盘相轮宝珠，谓之刹……以露盘等皆附属于柱，故统以刹呼之……

（五）我国六朝隋唐之木塔，已无实例存在，仅于日本见之。日本法隆寺五重塔，为东邦最古木塔，有中心柱自塔顶宝珠，直达下部，以木为之……

（六）近岁岸熊吉氏发现法隆寺五重塔中心柱下，有空穴一处，径三尺七寸左右，深九尺六寸，论者每疑为增加塔之弹力而设，惟阅岸熊氏之图，现存中心柱，仍置于石上，非悬于空中（第二图），似与塔架之弹性抵抗力无涉……

（七）木塔之结构，当然利用我国建筑固有之方式，如窗、户、金钉、铺首、檐橼、珠网等咸见诸纪载，可略知分件名称，与普通建筑无异……

（八）日本佛塔上部之装饰名称，与我国旧籍所载，大体符合，然亦略有出入，兹就见闻所及，考订如次……

8　云冈石窟中所表现的北魏建筑

1934年6月/第四卷第三、四期/论著/林徽音、梁思成、刘敦桢

据第四卷第三、四期"本社纪事"载："山西大同云冈石窟开凿于北魏盛期，为六朝佛教艺术稀有之杰作。历经中外学者调查研究，不止一度，惟石刻中所表现之建筑式样，尚无系统之介绍。本年九月经本社梁思成、林徽音、刘敦桢三君前往精密考查，归后草'云冈石窟中所表现的北魏建筑'一文，于本期汇刊内发表。"

此文主要研究云冈石窟洞中石刻上所表现的北魏建筑物及建筑部分，讨论云冈飞仙的雕刻及石刻中所有的雕饰花纹的题材、式样等，研究窟前当时、历来及考察时期的附属木构部分。

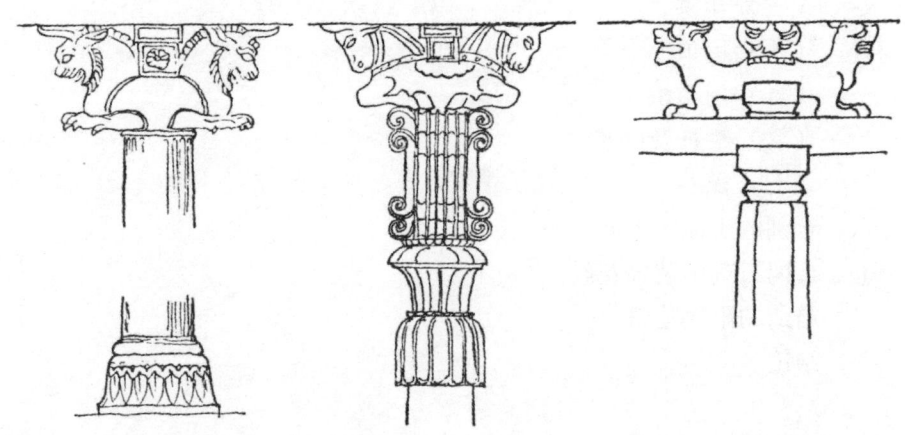

波斯式兽形柱头二种　　　　云冈中部第八洞兽形斗栱

波斯式兽形柱头

"绪言"中提到，在此次考察之前，已有日本人、中国人、法国人等对云冈石窟在艺术史方面的价值、地位等进行了研究：

近人中最早得见石窟，并且认识其在艺术史方面的价值和地位、发表文章、记载其雕饰形状、考据其兴造年代的，当推日人伊东和新会陈援菴先生。此后专家作有统系的调查和详细摄影的，有法人沙畹，日人关野贞、小野诸人，各人的论著均以这时期因佛教的传布，中国艺术固有的血脉中，忽然渗

杂旺而有力的外来影响，为可重视。

"结论"部分，对云冈石窟所表现的建筑式样的形成、石刻的结构原则等进行了总结。

全文从以下方面进行了论述。

绪言

一、洞名

二、洞的平面及其建造年代

三、石窟的源流问题

四、石刻中所表现的建筑形式

  （一）塔

  （二）殿宇

五、石刻中所见建筑部分

  （一）柱

  （二）阑额

  （三）斗栱

  （四）屋顶

  （五）门与栱

  （六）栏杆及踏步

  （七）藻井

六、石刻的飞仙

七、云冈石刻中装饰花纹

八、窟前的附属建筑

九、结论

9　我们所知道的唐代佛寺与宫殿

1932年3月/第三卷第一期/论著/梁思成

梁思成先生谈到，日本奈良法隆寺的金堂、五重塔、和中门创建于推古天皇十五年（隋炀帝大业元年，公元605年），略晚的有奈良法轮寺的三重塔和安居院的三重塔等，一千三百多年来仍保存较好。

而我国唐朝建筑遗物的实例，除去几座砖塔而外，差不多已无踪影。在没有实例可查的情况下，梁思成先生只能通过文献记载、敦煌壁画（法国人伯希和的《敦煌图录》记载了各壁画上所绘的建筑，准确而详细）等对唐代建筑进行研究。

敦煌石窟第七十窟右壁右半画中三座台

敦煌壁画将唐代的建筑——宫殿，佛寺，乃至平民住宅——在佛像背景里一概忠实的描画下来，使得未发现当时的木质建筑遗物的我们，竟然可以对当时建筑大概情形，仍得一览无遗，实在是一件可喜的事。

根据上述资料，梁思成先生分别从平面配置、建筑种类、各部详细研究—结构特征等三个方面进行了论述。

建筑种类方面，从壁画里归类出12种建筑物：

（1）殿堂；（2）二层楼；（3）大门；（4）角楼；（5）廊；（6）亭；（7）台；（8）围墙；（9）城；（10）塔；（11）桥；（12）墓。

各部详细研究方面，则包括：

（1）材料；（2）色彩；（3）台基；（4）柱；（5）额枋；（6）斗栱；（7）椽子；（8）屋顶；（9）门窗；（10）栏杆；（11）天花；（12）雕饰。

敦煌壁画中的人字栱

10　唐宋塔之初步分析

1937年6月/第六卷第四期/鲍鼎

鲍鼎先生研究唐宋塔前，东西方人士对中国佛塔的研究不乏其人：日本人关野贞❶、常盘大定❷合著有《支那佛教史迹》，收罗佛塔至为丰富；德国人鲍希曼教授著有《佛塔》尤见精彩。

但因前著对于佛塔均只作了个别的记述，没有进行断代的分析，对于初学者较为不便。于是，鲍鼎先生"将我国佛塔精华所萃唐宋时代之式样，试作初步之分析"，为有此文。

全文分以下几个部分：

一、前言

二、塔之分类

三、细部之分析

四、结论

浙江杭州雷峰塔　　　江苏松江县兴圣教寺塔　　　江苏吴县瑞光寺塔

---

❶ 关野贞的介绍见本书第117页。

❷ 常盘大定（1870~1945），日本宫城县人，研究中国佛教之学者，日本古建筑学家，毕生研究中国佛教。大正九年（1920）以后，曾先后五次亲至中国，研究佛教史迹。

11　宋永思陵平面及石藏子之初步研究

1936年9月/第六卷第三期/陈仲篪

永思陵，南宋高宗赵构的陵墓，位于浙江绍兴市东南17公里的皋埠镇牌口村攒宫茶场内，设有上宫、下宫和地宫。

石藏子，中国古代墓葬形制之一。这种陵墓不注重外在形式的大小，而讲究墓葬的密封和坚固。

在叙述永思陵之前，全文对北宋诸陵概况作了介绍。

全文包括以下几个部分：

一、《思陵录》概要

二、永思陵平面配置之推测
　　甲　北宋陵平面
　　乙　永思陵平面

三、皇堂石藏子

四、附录

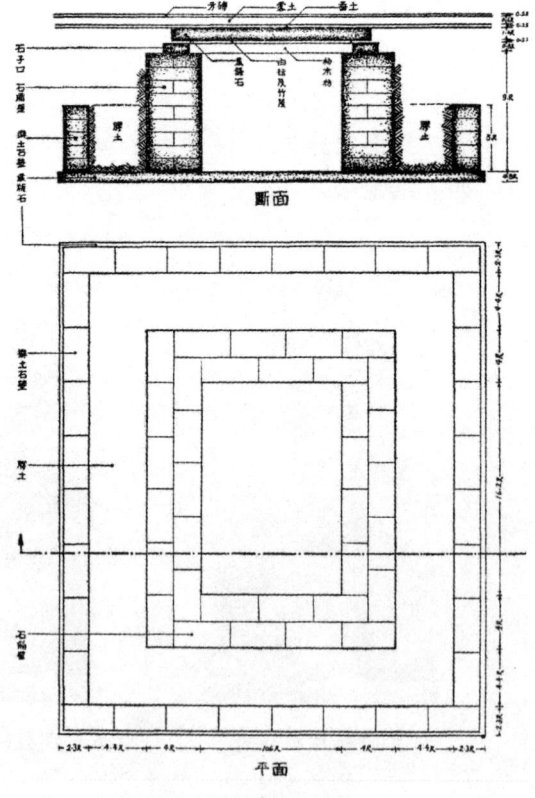

宋高宗永思陵石藏图

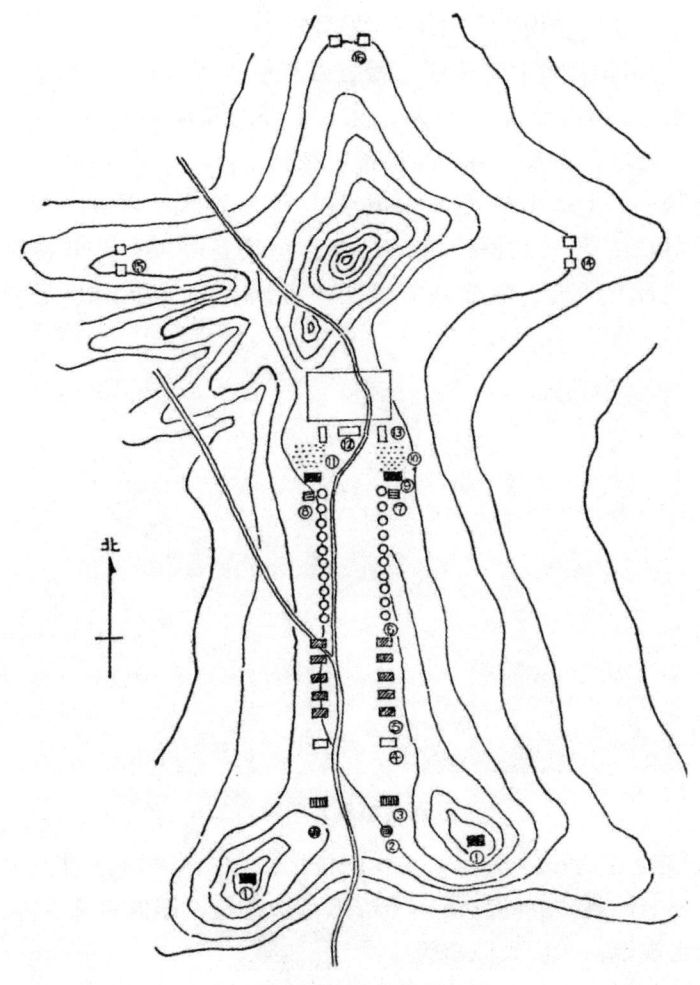

唐高宗乾陵平面图❶

12　《万年桥志》述略

1933年7月/第四卷第一期/论著/刘敦桢

此文据《万年桥志》，择要记述清光绪十七年（1894）谢甘棠主持的万

---

❶ 陵前施设，唐乾陵之朱雀门与望柱象生，虽不能与汉陵对照，以较宋陵，则仅易朱雀门之名为乳台，及增改象生数种而已。

年桥修复工程。分"总说"、"工程"两部分。

"总说"部分简述谢甘棠生平、修复万年桥过程、《万年桥志》概要及其价值、研究此《万年桥志》之意义，除工程外的其他事务，如厘定包工点工范围、采料、集款、用人、事务及设备、利用余材。

据"总说"，《万年桥志》分凡例、官师姓氏、绘图、工程、公牍、公费、乐输姓氏、艺文及桥工日记八类，每类各一卷。"末卷日记约四万言，于旧法良窳❶，匠工情弊，不以现状自满，每加申论，尤为全书菁华所萃。"

江西南城县万年桥

《万年桥志》特别之处在于："我国桥记、方志与私家文集所载，无异汗牛充栋，顾采摭浮言，竞尚辞藻，于桥工每未道及，即偶有之，亦寥寥数语，不足窥工事之规模，贻后人以矩彟。"

至于《万年桥志》与学社开展研究工作的关系，作者有云："……宋李氏《营造法式》与《清工部工程做法则例》二书，详于大木而略于石作，石作之内，尤略于桥工，仅匠师秘藏底本，间有叙述；如本社刊行之《营造算例》第九章"桥座做法"，即其一例。惟是书于桥洞桥墩之比例，用材及发券，搭材砖土诸作，言之綦详，独于筑堰、爬沙下柜数者，未举只字。谢书于此数项，反覆缕叙，不惮其烦，适足补前书之缺陷……不失为佳著之一，治我国桥梁史者，自不能契然弃之。"

---

❶ 窳（yǔ），粗劣之意。

13　石轴柱桥述要（西安灞、浐、丰三桥）

1934年9月/第五卷第一期/刘敦桢

作者以当时所知，根据外观及结构性质不同，将桥梁分为梁式之桥、拱桥、绳桥。梁式之桥，又分为木桥、石桥、木石混和桥、铁柱桥、浮桥、飞桥六种。然后分述之。

石柱之制，自桥墩发达后，用者渐鲜。然石柱与桥墩，各有所长，因地而异，灞、浐、丰三桥，即是以石柱代桥墩，不为常法所蔽，另辟途径，自成一格。

为便于研究者对我国旧式桥梁结构的参考，作者根据文献，对灞、浐、丰三桥作了介绍。对灞桥之介绍较详，涉及式样、桥之尺度、开挖引河、引桩、水平、刨槽、梅花桩、安砌碾盘、安砌石轴、石梁、托木、木梁、枋板、拦土枋及灰土、路版石及檐石、灰土堤、监修人员、工费诸方面。浐、丰二桥介绍略简。

灞桥详部

14　现代住宅设计的参考

1945年10月／第七卷第二期／林徽因

全文包括四个部分：(1) 美国印第安纳魏茵城五十所低租住宅；(2) 英国伯明罕市之住宅调查；(3) 美国伊里诺州数组"朝阳住宅"的设计及实验；(4) 美国TVA之"分部组合住宅"（Section House）。

全文对中国与英、美住宅现实进行研究，提出住的问题是国家和社会的责任，住宅设计与美术、社会科学、经济、公共卫生、行政理想、文化表现密切相关，为解决人民健康住宅的理想目标，需要调查现存人民生活习惯及经济能力，培养专家，鼓励科学工程及艺术部署的精神，按人民的经济能力设计最妥善的住宅单位，以实现完善城市的建设。该文体现了建筑师的人文关怀，其中针对低收入阶层提供廉租房的论述，对解决当前城市住房问题仍有现实的指导意义。❶ 该文发表于60多年前，极其难能可贵，值得研究与借鉴。

其中，第一部分"美国印第安纳魏茵城五十所低租住宅"从"一个实验、魏茵城、人民情形、住屋情形、改善目标及办法、合实际的租额、房子形式、间数及设备、造价的预计、利用本地失业人工、地皮的取得、综合事况、结构方法、制造程序、定为制式、结构程序、卫生设备、时间、资本及经营的办法、住户的选择"等各方面进行了阐述，并对"我们有无注意低租住宅的必要、低租住宅建造的原则、魏茵城试验住宅总造价低廉的因素、资本债息与租金的种种"等方面做了阐述和分析。

---

❶ 王维超，罗意. 还原林徽因在中国建筑史上的地位——试论林徽因对中国建筑的贡献 [J]. 重庆建筑，2010（11）：46.

第二类　文献典籍整理

篇　目

15	圆明园遗物与文献（附圆明园大事年表）	第二卷第一期
16	圆明园匾额清单	第二卷第一期
17	工段营造录	第二卷第三期
18	《园冶》识语	第二卷第三期
19	哲匠录	（载于多卷）
20	梓人遗制	第三卷第四期
21	明代营造史料	（载于多卷）
22	题姚承祖《补云小筑》卷	第四卷第二期
23	同治重修圆明园史料	（载于多卷）
24	抚郡《文昌桥志》之介绍	第五卷第一期
25	存素堂入藏图书河渠之部目录	第五卷第一期
26	东西堂史料	第五卷第二期
27	识小录	（载于多卷）
28	元大都寺观庙宇建置沿革表	第六卷第四期

第二篇 文独画精選

15　圆明园遗物与文献

1931年4月/第二卷第一册/专著/向达

向达（1900~1966），湖南溆涌人，1919年考入南京高等师范学校。1924年后任商务印书馆编译员、北平图书馆编纂委员会委员兼北京大学讲师。

此篇有"圆明园遗物文献之展览"、"圆明园罹劫七十年纪念述闻"两部分内容。

"圆明园遗物文献之展览"一文，作者在感慨"万园之园"71年前毁于一旦之后，表达了欲收集文献遗物以纪念李明仲并悼圆明园、收集工程则例、地样、模型、图像，以免外流。

"万方安和"当日之烫样

文后附"圆明园大事年表"，记自1709年圆明园有史之始，至其被毁71年后之1931年。兹抄录于此：

1709年：圣祖以海淀明戚废墅赐世宗建园，园成锡名❶为圆明园，此圆明园有史之始。

1716年：世宗迎圣祖至圆明园牡丹台赏花，高宗随侍，圣祖携之留养禁中，牡丹台于乾隆九年更名为"镂月开云"，高宗曾为文纪其事。

1725年：世宗即位后三年修葺圆明园，建置朝署，为《圆明园记》以纪。

1726年：高宗居藩邸时赐居圆明园内之长春仙馆，于是年读书于园内桃花坞。

---

❶ 原文如此，或为"赐名"。

1737年：命画院郎世宁、唐岱、孙祜、沈源、张万邦、丁观鹏绘圆明园全图，悬之清晖阁。

1740年：仿寿皇殿制于圆明园内建安祐宫。

1743年：安祐宫成，即后定四十景中之鸿慈永祐也。法教士王致诚（G. Ahivet）致书本国称圆明园为万园之园。

1744年：取圆明园内风景，列为四十景。景系以诗命，沈源、唐岱绘图，汪由敦书四十景诗，原本于咸丰庚申之役归于法京。又刊本孙祜、沈源绘圆明园图咏，当亦成于是年。

1763年：濬圆明园大宫门前辇道东西为湖，曰前湖。

1764年：仿海宁陈氏安澜园规制，重葺圆明园内之四宜书屋，更名为安澜园，有十景。高宗制有《安澜园记》及十景诗述其胜。

1770年：先是高宗于圆明园东水磨村旧地预修长春园，以为即位六十年后禅政优游之所。至是园成，唯远瀛观、海晏堂诸西洋楼之成无可考，疑在此年之后。

1774年：于水木明瑟北稍西建文源阁，贮《四库全书》及《图书集成》各一部。

1786年：耶稣会教士 P. Bourgeois 考书 L. F. Delatour，述将圆明园中欧式宫殿二十处绘图，雕成铜版事。所谓圆明园欧式宫殿二十处，当即指长春园北之海晏堂、远瀛观诸处也。铜版图二十叶今发见于北平故宫，沈阳故宫亦有之，并闻旧日热河行宫亦有一份云。

1793年：英使马戛尔尼来聘，于是年阳历八月二十三日至圆明园，奉旨观玩圆明园等处水法，并往游万寿山及城内太和殿、保和殿、乾清宫、宁寿宫。

1803年：L. F. Delatour 著《中国建筑论》（E. ssais Sur Carchitecture des Chinois）中及 Bourgeois 致彼之函。❶

1836年：是年九月，重修圆明园中圆明园、奉三无私、九洲清晏三殿❷。

1859年：文宗新葺清辉殿成。

1860年：是年八月，英法以换约事起衅，联军入北京。九月初五日（阳历十月十八日），英将下令焚圆明园。翌日，圆明园及附近如长春、清漪诸园

---

❶ 本引文中法文正误无从查证，均照录原文。

❷ 九洲清晏由三组南向大殿组成，第一组为圆明园殿，第二组为奉三无私殿，第三组为九洲清晏殿，是为三殿。

胥付一炬。

1861年：法人 M. G. Pauthier 著《游圆明园记》（Ume Visité a Youen-ming Youon, Palais dete de Clmpereur Khien-loung-1862）。

1871年：是年三月十日，王闿运、徐树钧等游圆明园。王氏因为圆明园词以纪之，距咸丰庚申之毁，为时十年。双鹤斋、规月桥、采芝径诸处尚在也。

1874年：上谕禁臣工议修圆明园。

1887年：醇邸以殿本《圆明园图咏》命天津石印书屋石印进呈，其后上海大同书局亦重印《避暑山庄》、《圆明园图咏》，为袖珍本，未审何年，当在天津本后。

1897年：李鸿章自欧洲返，偕马建忠、曾广铨往游圆明园，为言官所劾，距园毁已二十七年矣。

1909年：Gisbery Combar 著《中国皇宫》（Les Paluis imperiaux de la Chine）中及圆明园，谓园中欧式宫殿系郎世宁样、蒋友仁监修云云。

1911年：是年夏谭延闿等游圆明园，双鹤斋等处已不存，唯长园诸西洋楼尚可见耳。时距园毁已五十年，距王闿运游时亦四十年矣。

1921年：法人伯希和（P. Pelliot）于通报上发表《平定回部得胜图考》（Les Conguetes de. L'cmpercur de la Chine），论及圆明园中西洋建筑，驳 Delatour comber 诸人说。

1924年：金勋绘圆明园图。

1926年：陈文波于《清华周刊》十五周年纪念增刊上发表其《圆明园残毁考》，距园毁已六十六年。其所纪述验之于今又已全非。

1928年：程演生自法京摄归，沈源、唐岱绘，汪由敦书之《圆明园图》，中华书局为之重印出版，程氏又为《圆明园考》一书。

1930年：国立北平图书馆双十节图书展览会陈有所得样子雷之《圆明园烫样模型》若干件，距圆明园之毁已七十年矣。《大公报》文学副刊发表觉明氏所撰"圆明园罹劫七十年纪念述闻"。

1931年：北平故宫博物院发现咸丰十年英法兵入京焚毁圆明园案卷及长春园铜版图，沈阳行宫亦发见长春园铜版图一份。金梁有《东长春园铜版图考》一文述其事。三月二十一日，北平中国营造学社与国立北平图书馆开圆明园文献遗物展览会于中山公园时，为圆明园被毁后之七十一年也。

16 圆明园匾额清单

1931年4月／第二卷第一册／簿录

清单分南一至南七、中一至中八、东一至东六、西一至西六、北一至北三各區。兹仅举南一各區如下（三十五面，外十二，内二十一，石二），以窥其貌：

圓明園（外）	出入賢良（外）
出入賢良（内）	正大光明（内）
洞明堂（外）	勤政殿（外）
勤政親賢（内）	爲君難（内）
飛雲軒（外）	靜鑑（外）
如是觀（内）	懷清芬（内）
四德堂（外）	居敬（内）
小雲來（内）	秀木佳蔭（内）
生秋庭（外）	納爽涵澄（内）
芬碧叢（外）	保合太和（外）
勤政親賢（内）	自強不息（内）
養性（内）	隨安室（内）
叢雲（内）	富春樓（外）
坐擁琳瑯（内）	芝原（内）
蓉汧（内）	清風明月（内）
無倦齋（内）	竹林清響（内）
含眞（内）	檀欒徑石刻
削玉石刻	

17 工段营造录

1931年11月/第二卷第三册/专著

此文共五部分：
（一）阚铎"识语"；
（二）《工段营造录》目录及正文；
（三）《扬州画舫录》涉及营造之纪述；
（四）阚铎"工段营造录校记"；
（五）朱启钤社长"识语"及"工段营造录复校记"。

《工段营造录》由清代李斗著于乾隆六十年（1795），收入《扬州画舫录》卷十七。

"识语"中有云："扬州当乾隆中叶，土木繁兴，侈然有化野为都之势。一方取法内工，使尚方将作之支流，留于南服；一方集中外美术建筑之大成，钩心斗角，为实地竞技之试验。固是物力丰富之象征，而当时文化之背景，亦有当然之表现。李氏生逢全盛，于经始营建之际，凡北来之工官匠师，以及则例档案，一一加以问学，耳熟能详，心通其意，提纲挈领，遇物能名，再以己意，发为疏证，自营造工。"（《清工部工程做法则例》1734年颁布，《工段营造录》在之后约60年后完成）

兹将《工段营造录》各部名称抄录于下：

水平	土作	大木作
折料法则	斗科	施工程序及分工
木材比重	搭材作	瓦作
砖作	琉璃瓦科	石作
裹角法	顶	装修作
桥梁做法	雕銮	琉璃影壁
铜铁作	油漆作	画作
裱作	花树	宫室释名
陈设作		

18 《园冶》识语

1931年11月/第二卷第三册/书评/阚铎

《园冶》为我国古代造园专著,也是我国第一部园林艺术理论的专著。

《〈园冶〉识语》由阚铎1931年9月作于合肥,在《汇刊》中共约10页,无标点。此处恐因标点有误,曲解作者原意,仅附其第一页原样于此:

> 园冶三卷　明計成著　吴江人　字無否　明崇禎間　爲江西布政武進吳又予元築園於晉陵　又爲汪中翰士衡築園於鑾江　因著一書　初名園牧　姑熟曹元甫見之　改名園冶　有崇禎甲戌阮大鍼序　辛未自序　乙亥鄭元勳題詞　有清三百年來　除李笠翁閒情偶寄　有一語道及外　未見著錄　日本大村西崖東洋美術史　謂劉炤刻奪天工　即指此者　旋於彼土　得一鈔本　因卷首題奪天工三字　遂呼爲奪天工　園冶之名遂隱　又聞日本內閣文庫　有明刻劉炤刻原本　正訪求間　北平圖書館　得一明刻本　而缺其第三卷　阮序末有皖城劉炤刻五字　意劉爲園海里人　依阮爲活　全書或劉手刻　而在南京或安慶出版　或劉止刻園海自書序文　皆未可知　無否自序　少以繪名　最喜關仝荊浩筆意　園海序亦有所爲詩畫甚如其人之語　詠懷堂詩乙集有聞無否詩之標題　可知無否　幷非俗工　其摄山由繪事而來　蓋畫家以筆墨爲邱壑　搦山以土石爲皴擦　虛實雖殊　理致則一　彼雲林南園笠翁華亭諸氏　一拳一勺　化平面爲立體　殆所謂知行合一者　無否由繪而

《园冶》识语（第一页）

此文后附《园冶》目录如下:

卷一　兴造论

园说　一、相地　二、立基　三、屋宇　四、装折

卷二

栏杆

卷三
　　五、门窗　六、墙垣　七、铺地　八、掇山　九、选石　十、借景

19　哲匠录

　　1932年3月/第三卷第一期/哲匠录（第一　营造）
　　1932年6月/第三卷第二期/哲匠录（续）（第一　营造）
　　1932年9月/第三卷第三期/哲匠录（续）（第一　营造）
　　1933年7月/第四卷第一期/哲匠录（续）（第一　营造）
　　1933年9月/第四卷第二期/哲匠录（续）（第一　营造补遗）
　　1933年12月/第四卷第三、四期/哲匠录（续）（第二　叠山）
　　1934年12月/第五卷第二期/哲匠录（续）（第三　攻守具）
　　1934年12月/第六卷第二期/哲匠录（续）（第四　造像）
　　　　　　　　　　　　　　　　　　　　　　/朱启钤辑，梁启雄校补
　　1936年9月/第六卷第三期/哲匠录补遗（营建类）
　　　　　　　　　　　　　　　　　　　　　　/朱启钤、刘敦桢辑

　　《哲匠录》按营造、叠山、攻守具、造像、营建五类，自唐虞（唐尧与虞舜）至明代，简记各时期哲匠及所涉工程，后详列相关史料。
　　兹抄录一例：
　　第一　营造
　　唐　虞
　　垂，亦作倕
　　垂，堯舜時共工。創製規·矩·凖·繩·鐘·弓·矢·耒耨·耡·銚·等器物。
　　書舜典帝曰俞咨垂汝共工　又顧命垂之竹矢傅垂舜共工世本作篇倕作規矩凖繩秦嘉謨輯（以下略稱秦輯）引玉篇夫部又垂作鐘秦輯引風俗通義又垂作耒耨秦輯引齊民要術又垂作耡秦輯引廣韻六止又垂作銚秦輯引詩釋文荀子解蔽倕作弓注倕舜之共工尸子古者倕爲規矩繩準使天下傚焉楚辭懷沙巧倕不斵　注倕堯巧工也
　　……

20 梓人遗制

1932年12月/第三卷第四期/专件/薛景石著，朱启钤校注，刘敦桢图释

唐朝以后多称木工为"梓人"。《梓人遗制》以介绍木器形状、结构特点、制造方法为主，是我国古代的木制机具专著。

薛景石，字叔矩，山西万荣县人。生卒年不详，金末元初木工匠师。

此文收五明坐车子、华机子、泛床子、掉篗座、立机子、罗机子、小布卧机子等车辇机具七类，分别从用材、功限加以介绍。

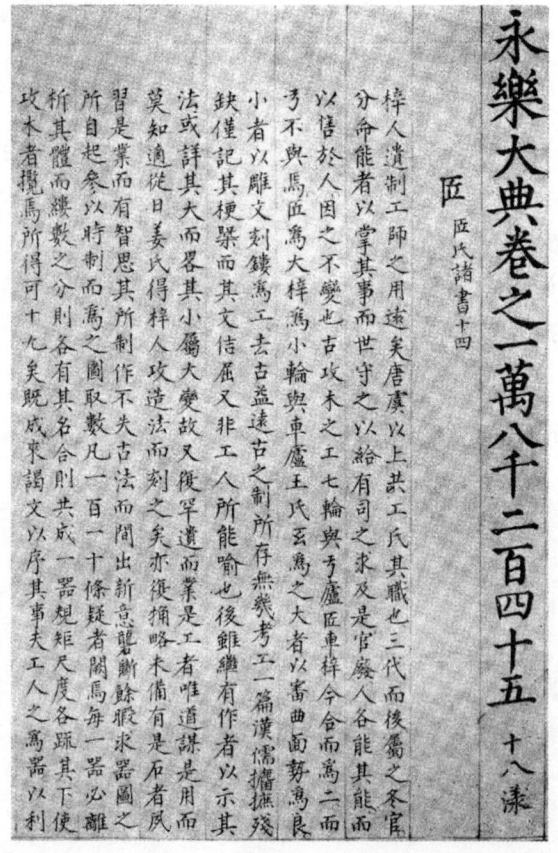

《永乐大典》卷之一万八千二百四十五+八漾（样）所载《梓人遗制》

21　明代营造史料

1933 年 7 月/第四卷第一期/杂俎/单士元
1933 年 9 月/第四卷第二期/杂俎/单士元
1934 年 6 月/第四卷第三、四期/杂俎/单士元
1934 年 9 月/第五卷第一期/单士元
1934 年 12 月/第五卷第二期/单士元
1935 年 3 月/第五卷第三期/单士元

明嘉靖改建之圜丘图

此文分载于六期中，跨度两年，所记史料较广。兹将各期所述内容目录抄录于下：

第四卷第一期
引　言
一、工部组织沿革述略
二、内府与营造
三、工匠供役法

四、征用夫役法

五、木料之来源及采木官

第四卷第二期

万历朝重修两宫

第四卷第三、四期

明王府制度

第五卷第一期

营造中之班军

第五卷第二期

明代社稷坛

第五卷第三期

天坛

明代之天坛

清代之天坛

明清之比较

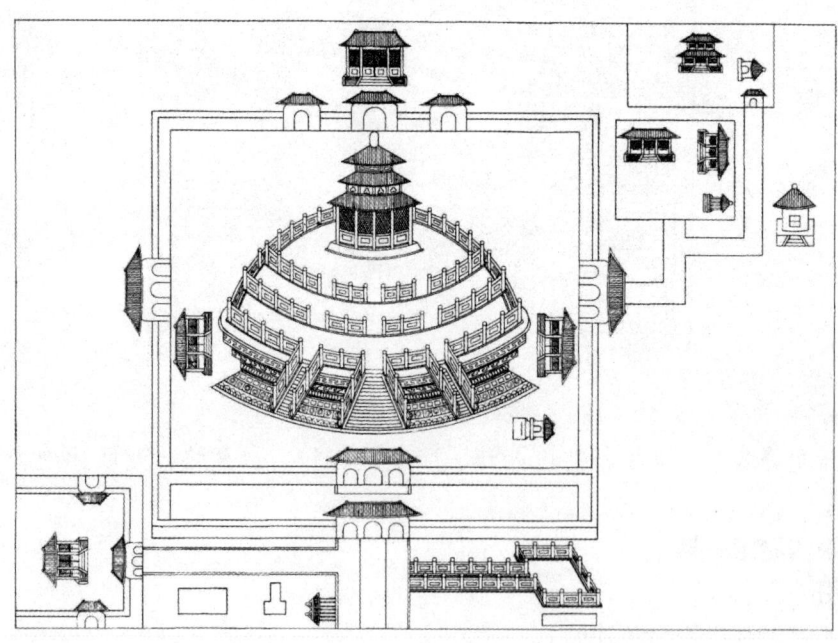

明嘉靖建大享殿图

22　题姚承祖《补云小筑》卷

1933年9月/第四卷第二期/杂俎/朱启钤

民国壬申年（1932）秋，朱启钤先生因刘敦桢先生之介，得知吴门姚承祖所著《营造法原》一书。

据朱启钤先生言，姚承祖旧执教鞭于苏州工业学校，《营造法原》为其平时课本。书中所辑住宅、祠庙、佛塔、泊岸及量木计围诸法，未见官书，足传南方民间建筑之真象。

于是，朱启钤先生"数月躬自整比，校订一过"。"姚君又虑是书所图或有遗漏，复以画册与《补云小筑》绘卷见寄，并嘱为题署。"此文即是对《补云小筑》的题识。

23　同治重修圆明园史料

1933年9月/第四卷第二期/杂俎/刘敦桢
1934年6月/第四卷第三、四期/杂俎/刘敦桢

此文叙述清朝同治时期重修圆明园及与重修工程相关的史料。

第四卷第二期刊登以下一至四部分，第四卷第三、四期刊登以下五至九部分及补记：

一、史料整理之经过
二、重修前之圆明园
三、重修之背景
四、工程
五、材料
六、工费
七、勘估与监修
八、停工原因
九、停工后轶闻
补记

24 抚郡《文昌桥志》之介绍

1934年9月/第五卷第一期/刘敦桢

抚郡,今江西抚州。文昌桥,位于江西临川县城(旧抚州府治)东,跨汝水上。

作者曾作《万年桥志述略》一文,刊于《汇刊》第四卷第一期,介绍谢氏甘棠所撰《万年桥志》;后读杨名飚《灞图桥说》,知西安石轴柱桥之结构,又作《石轴柱桥述要》一文,刊于第五卷第一期。

作者感国内桥志之众,以及其在桥梁史中之重要性,因而对于谢氏奉为粉本的《文昌桥志》,尤其向往,只是遗憾未得。后来南丰赵敦甫先生将所藏文昌、万年二桥志,及其平日录集的桥梁文献数种赠予学社中,作者得观其内容。于是将其提要,亦刊于第五卷第一期中。

全文包括以下部分内容:
文昌桥志
续修文昌桥志略
修文昌桥志略
续修文昌桥志

25 存素堂入藏图书河渠之部目录

1934年9月/第五卷第一期/朱启钤

朱启钤室名曰存素堂。存素,取君子存守素性之意。素,即谓质朴、纯洁、朴素,不修饰做作。朱氏存素堂藏书起始于家传。

作者将所藏河渠之书,分水道之属、水政之属、漕运之属、治水名人传记之属、治水工程期刊之属五类,一一列明。

水道之属(62种):
《禹贡山川地理图说》,宋程大昌撰,通志堂本,一册;

《禹贡集解》二卷，宋傅寅撰，金华文萃本，二册；
《禹贡说断》四卷，宋傅寅撰，活字本，四册；
《禹贡要注》，明郑晓注，清光绪十年古虞朱氏刊本，一册；
《禹贡要注便蒙》，明郑晓注，清光绪十五年刻本，一册；
《禹贡图注》，明艾南英撰，学海本；
……

水政之属（122种）：
《河防记》一卷，元欧阳玄撰，学海本；
《黄河图说石刻》，明刘天和制，明嘉靖十四年刻石，洛阳出土本，一幅；
《问水集四卷附吕梁洪志》一卷，明刘天和撰，一二两卷景写金声玉振集本，三至六卷补钞明刊本，四册；
《河防一览》十四卷，明潘季驯撰，清乾隆五年河东总河白钟山补刊本，十二册；
《河防一览榷》十卷，明潘季驯撰，季驯子大复榷，明潘氏家刻本，六册；
……

漕运之属（8种）：
《山东运河备览》十二卷，卷首冠图一卷，清陆耀纂，清乾隆四十一年刊本，六册；
《江北运程》四十卷，卷首冠图一卷，清董恂撰，赵希和校，清咸丰十年刊本，四十一册；
……

治水名人传记之属（8种）：
《南工祠庙祀典》三卷，清李奉翰编，清乾隆四十四年刊本，五册；
《水府诸神祀典》，清周馥撰，周悫慎公全集本；
……

治水工程期刊之属（10种）：
《黄河防汛会议暨黄河水利委员会第一次会议汇编》，民国二十三年黄河水利委员会编印本，一册；
《河务季报》，民国八年创刊，内政部全国河务研究会编印本，存二、四、两期；
……

26 东西堂史料
1934年12月/第五卷第二期/刘敦桢

东西堂，即东西厢。《尔雅·释宫》郭璞注："夹室前堂谓之厢"。《仪礼释宫》云："夹室之前曰厢，亦曰东西堂"，又说"东西堂各有阶"。

此文中，作者汇录东西堂史料，并略著其变迁。

27 识小录
1935年3月/第五卷第三期/陈仲篪
1935年6月/第五卷第四期/陈仲篪
1935年12月/第六卷第二期/陈仲篪

此文专门研究了门饰，以及《营造法式》所载门饰之制。

门饰，系指门扉表面之装饰，如兽面、门钉、门钹，以及附属之寿山福海等。

全文分载之各期及内容如下：

第五卷第三期
门饰之演变

第五卷第四期
《营造法式》所载之门制
一、版门

第六卷第二期
《营造法式》所载之门制
二、乌头门

28　元大都寺观庙宇建置沿革表

1937年6月/第六卷第四期/王璧文

　　王璧文先生于编订《元大都城坊考》（刊于第六卷第三期）之余，对元大都寺观庙宇进行了研究："于其嬗递因革，不殚考究，而稽之典籍，犹往往可征，爰将所收，互相钩稽，案其年月先后，辑成此表，以备研究大都寺观建置沿革者之参考。唯本表既以元代为主，凡所著录，胥以当时所创，或经其大规模重建及修治者为限：例如当时所创之大崇国寺今护国寺，大圣寿万安寺今妙应寺，天庆寺，东岳仁圣宫今东岳庙，城隍庙今都城隍庙，白云观诸寺，与重修之庆寿寺今双塔寺等，迄今遗址犹存，虽其中建置，类经明清改作，而据此亦足窥胜时规模之大概也。至于辽金所创诸寺，在元以前，而又无重修纪载可征者，虽有可考，亦不附焉。"

　　全文从名称、位置、建置或重修年月、备注4个方面，列表记述了91处寺观庙宇之建置沿革。

第三类　考证与调查

篇　目

29	仿宋重刊《营造法式》校记	第一卷第一册
30	王观堂先生涉及《营造法式》之遗札	第一卷第二册
31	英叶慈博士以《永乐大典》本《营造法式》花草图式与仿宋重刊本互校之评论	第一卷第二册
32	《营造法式》版本源流考	第四卷第一期
33	元大都宫苑图考	第一卷第二册
34	任启运《宫室考》校记	第二卷第一册
35	旧京发现岐阳王世家文物纪事	第三卷第一期
36	蓟县独乐寺观音阁山门考	第三卷第二期
37	北平智化寺如来殿调查记	第三卷第三期
38	《大唐五山诸堂图》考	第三卷第三期
39	宝坻县广济寺三大士殿	第三卷第四期
40	开封之铁塔	第三卷第四期
41	琉璃釉之化学分析	第三卷第四期
42	平郊建筑杂录	（载于多卷）
43	大壮室笔记	（载于多卷）
44	福清二石塔	第四卷第一期
45	正定调查纪略	第四卷第二期
46	明长陵	第四卷第二期
47	大同古建筑调查报告	第四卷第三、四期
48	赵县大石桥	第五卷第一期
49	穴居杂考	第五卷第一期

50	定兴县北齐石柱	第五卷第二期
51	泉州印度式雕刻	第五卷第二期
52	晋汾古建筑预查纪略	第五卷第三期
53	易县清西陵	第五卷第三期
54	河北省西部古建筑调查纪略	第五卷第四期
55	北平护国寺残迹	第六卷第二期
56	清故宫文渊阁实测图说	第六卷第二期
57	清《皇城宫殿衙署图》年代考	第六卷第二期
58	汴郑古建筑游览纪录	第六卷第三期
59	苏州古建筑调查记	第六卷第三期
60	元大都城坊考	第六卷第三期
61	河南省北部古建筑调查记	第六卷第四期
62	明鲁班《营造正式》钞本校读记	第六卷第四期
63	记山西五台山佛光寺建筑	第七卷第一、二期
64	云南一颗印	第七卷第一期
65	旋螺殿	第七卷第一期
66	宜宾旧州坝白塔宋墓	第七卷第一期
67	四川南溪李庄宋墓	第七卷第一期
68	云南之塔幢	第七卷第二期
69	成都清真寺	第七卷第二期
70	山西榆次永寿寺雨花宫	第七卷第二期
71	汉武梁祠建筑原形考	第七卷第二期
72	乾道辛卯墓	第七卷第二期

29　仿宋重刊《营造法式》校记

1930年7月/第一卷第一册/校勘/阚铎

此文内有"校记"、"补诸书记载二事"、"以宋李诫《木经》❶ 与《营造法式》互校"三部分。

开篇详述订正过程，实为中国营造学研究的重要序幕，兹抄录如下：

民国乙丑，重刊《营造法式》。曾由武进陶君湘，以石印丁氏钞本，与文渊、文溯、文津三本互勘，复以晁庄陶唐摘刊本、蒋氏密韵楼钞本对校，补缺正误。其各本相同者，明知为误，不敢臆改，疑以传疑，诚哉慎之又慎。顷承紫江朱先生之命，讲求李书读法，乃以仿宋刊本，与四库校本及丁本重校一过。斧落徽引，爬罗剔抉，于当日检校疏漏者，一一标出。引用之书，证以原本。本书前后互见者，参酌订正，间有疑义，折衷图算。其字体不同，如"闲"之为"间"，"叚"之为"段"，"徧"之为"遍"之类，人所习知，一目了然者，仍不列举。又陶君附录，于焦竑《经籍志》、周亮工《书影》二事，未及采录，今为补述。《宋史·艺文志》著录、李氏新集《木经》，曾以本书互校，兹并附录于后。民国十九年四月合肥阚铎。

"校记"部分记录校订72处，补遗1处，记录脱字、缺文等情况，并指出其依据。

"补诸书记载二事"，对明代焦竑《经籍志》、明工周亮工《书影》作了介绍。关于焦竑，涉《营造法式》之句有："……焦氏据历代现存之书，编为志目，盖即此类，可为李书宋刊原本，至明万历间尚存之证。此较明文渊阁书目之著录而未详卷数，内阁书目录录而明言不全者，更为可贵。"关于周亮工，涉《营造法式》之句有："近人著述，凡博古、赏鉴、饮食、器具之类，皆有成书，独无言及营造者。宋人李诫之有《营造法式》三十卷，皆徽庙宫室制度，如艮岳华阳诸宫法式也。闻海虞毛子晋家有此书，凡六册，皆有图，款识高妙，界画精工。竟有刘松年等笔法，字画亦得。"

"以宋李诫《木经》与《营造法式》互校"则提及《木经》、《木书》与《营造法式》的关系，并"上下互列，异同了然，再重刊本法式，为之勘正如左"。

---

❶ 李诫新集之木书。

30 王观堂先生涉及《营造法式》之遗札

1930年12月/第一卷第二期/插画

王观堂先生涉及《营造法式》之遗札插图

此插图后为遐厂❶作"绍兴重刊营造法式者之历史与旁证"一文。

---

❶ 近代藏书家叶遐厂。

31 英叶慈博士以《永乐大典》本《营造法式》花草图式与仿宋重刊本互校之评论

1930年12月/第一卷第二期/校勘/叶慈

此文译自伦敦学院东方学艺研究院周刊卷五第四章第85 680页。兹抄录前几段如下：

营造法式一书　经数百年之巨变　历兵火之余劫　竟能于一九一九（即民国十四）年　以残缺书页为根据　将原来体例　依次查出　一九二五年复重新校定　成《仿宋重刊李明仲营造法式》一书　编辑诸君　煞费苦心乃底于成　殊非容易　一九二七年　予曾专论论及　载诸白灵敦杂志　（见卷之四第三章第四七三四九二页）　兹不赘述　今所欲论者　乃佚存英国之十六世纪《营造法式》写本　乙丑重刊编纂诸君子　苟知此十数页残书　尚存人世　定必搜罗补遗　参酌正焉

清翰林院　位于英国使馆之北　永乐大典之存于该院者　经庚子之变几全毁于火　据云此书乃一五六七年写成两部中之一部　其余一部　大概毁于明末　复据北京国立图书馆　征求佚存图籍启事　谓是书佚存海内外　未遭火劫者　二百八十有六册　凡五百四十二卷　然英国现尚存类此之书凡数函　未见列入该启所列册数　或不在于此

……

此图解亦系取自永乐大典版　故其花纹与第一图解相似　上图在一九二〇版　与在永乐大典版完全无异　与一九二五版亦无甚差别　即此处最外层之线　标明"青"色在一九二五版之套版中　亦印成"青"色　所不同者惟一九二五版之草案　系注明该线为"绿"色耳　（参阅第四图解）至于下图之第三线　在此处为"一青"　在一九二〇或一九二五版中　皆为"二青"第四图解　一九二五版营造法式　对于此图案之注释　既如第三图解所述　兹以第三图解与此处对照　则较第一与第二图解之比较　清楚多矣　虽一九二〇版营造法式所载　不若此两图精采　但能不失第三图解之真形　上图在一九二五版中　所着各种颜色　除最外层系青色外　其余与第二图解之

上图无异……

此文后附有英文原文及附图。

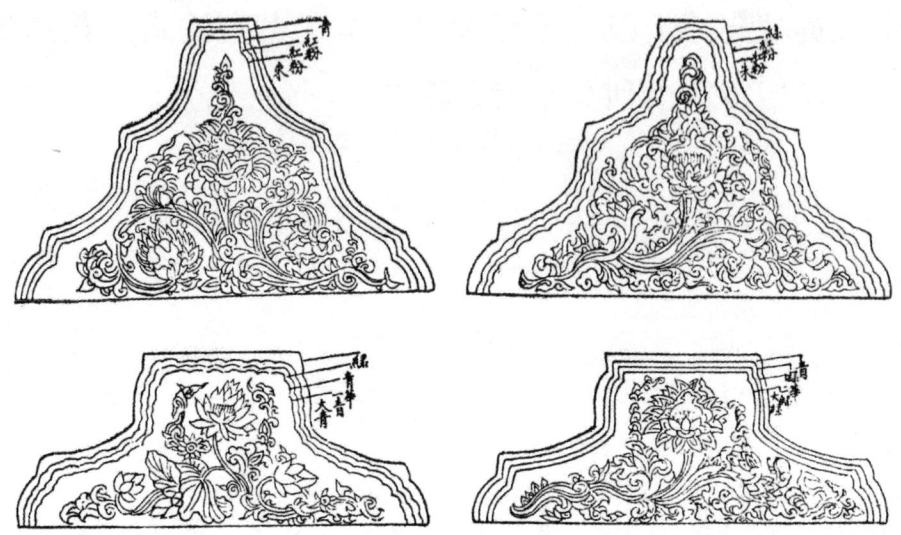

《永乐大典》本《营造法式》第三十四卷之图

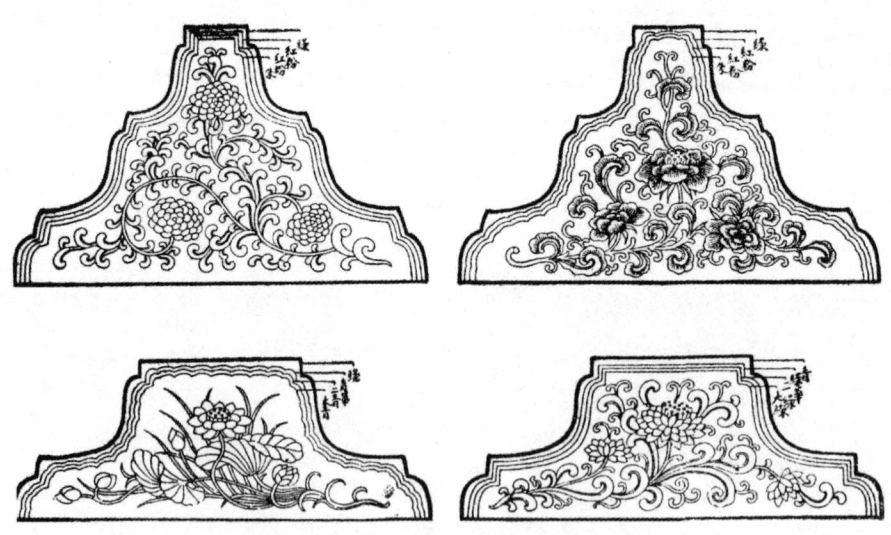

仿宋重刊本《营造法式》第三十四卷之图

32 《营造法式》版本源流考

1933年7月/第四卷第一期/论著/谢国桢

此文第四段以后详述《营造法式》版本源流,"举宋代《营造法式》之所以编制,与版本传钞之流传"。

前三段或许非此文重点,但其对作者、对各卷内容、对《营造法式》特点及重要价值的记述简明扼要。

第一段主要记述《营造法式》作者及其祖上官职、作者著作:

《营造法式》三十四卷,"看详"一卷,"目录"一卷,宋李诫奉勅撰。诫字明仲,郑州管城县人;曾祖讳惟寅,故尚书虞部员外郎,赠金紫光禄大夫;祖讳惇裕,故尚书祠部员外郎,秘阁校理,赠司徒;父讳南公,故龙图阁直学士,大中大夫,赠左正议大夫。元丰八年,哲宗登大位,正议时为河北转运副使,以先生奉表致方物,恩补郊社斋郎,调曹州济阴县尉。元祐七年,以承奉郎为将作监主簿。绍圣三年,以承事郎为将作监丞。元符中建五王邸成,迁宣义郎。时先生在将作且八年,其考工庀事,必究利害坚窳之制,堂构之方,与绳墨之运,皆已了然于心,遂被旨著《营造法式》,书成,凡三十四卷,诏颁之天下。先生尚著有《续山海经》十卷,《续同姓名录》二卷,《琵琶录》三卷,《马经》三卷,《六博经》三卷,《古篆说文》十卷,皆不传;《营造法式》独显于世。先生及其父南公事迹,已详于宋史及程俱《北山小集》中。

第二段记述各卷内容:

是书首为看详,释方圆平直,规矩准绳之事。第一、二卷为总释,释建筑之名物,说明算术之定例,及当时功限格令等事。第三卷为壕寨及石作制度。第四、五卷为大木作制度。第六、七、八、九、十、十一诸卷,为小木作制度。凡屋宇之结构,属之大木作;凡门、窗、栏、装饰、器用,属之小木作。第十二卷为雕作、旋作、锯作、竹作制度。第十三卷为瓦作、泥作制度。第十四卷为彩画作制度。第十五卷为砖作、窑作制度。第十六至二十五卷为诸功限。第二十六至二十八卷为诸作料例。第二十九至三十四卷为诸作图样。总计是书所列先为名例,次为制度,再次为功限、料例,末为图样;

纲举目张，条理井然。

第三段记述《营造法式》特点及重要价值：

瞿宣颖先生称是书约有六长："疏举故书义训，通以今释，由名物之演嬗，得古今之会通，一也。北宋故书，多有不传于今者，本编所引，颇有佚文异说，足资考据，二也。凡一物之制作，必究其形式，尺度程序，咸使可寻，由此得与今制相较，而得其同异，三也。所用工材，虽无由得其价值，而良窳贵贱，固可约略而得，四也。程功之限，雇役之制，般运之价，兼得当时社会经济状况，五也。华纹形体，若拂菻师子频伽化生之类；得睹当时外族文化影响，六也。"据此，《法式》一书，不独为研究吾国建筑规矩准绳之书，即其书中所引诸书，如《周髀算经》："矩出于九九八十一万物周事而圜方用焉"一条，多出四十九字；足以是本校勘古籍。而"总释"中所述宫阙殿楼爵头铺作之名，博引训故，通以今释，吾国建筑术语，尚无定名，欲编词典，舍此莫由。是则《营造法式》一书，为宋以后吾国古籍中创获之作，而为研治吾国建筑之秘典已。顾其书原刊久佚，传钞诸本，互有异同，非藉资众长，广事雠校，不足以见原书之真相，而供学者之研究。桢于建筑一道，所知甚鲜，仅于宋代《营造法式》之所以编制，与版本传钞之流传，举其一得之愚，以为研治是书之一助焉。

故宫本《营造法式》

33　元大都宫苑图考

1930年12月/第一卷第二期/论著/朱启钤、阚铎❶

篇首交代了此文来历，兹抄录如下：

紫江朱先生，设中国营造学社于北平，从事于清故宫之研究，复以北平建都，虽不始于元代，而宫阙之制，实至元而大备。近年以来，海内外学者，于北平之历史及地理，乃至风土轶事，考索不为不详，独于营造遗物，及其文献，求其有艺术上之贡献，尚不多得。因取陶氏《辍耕录》所述，元代宫关❷制度之文，就其方位尺度手自摹绘，加以推定，讲贯讨论，不间昕夕❸。既具崖略，乃以授铎，俾于所得资料，加以此次，并属宋君麟征制图，阅两月而告蒇❹。中华民国十九年七月，阚铎谨记。

元朝陶宗仪《辍耕录》（陶录）分为八节，一为京城宫城，二为大明殿及延春阁，是为大内之正衙，三为玉德殿，在正衙之西侧，四为万寿山及太液池，在大内西北，五为兴圣宫及延华阁，六为隆福宫，在大内之西兴圣宫之前，七为隆福宫西御苑，在隆福宫西，八为御苑，在厚载门北。

作者略依"原文段落分别部居，适宋君麟征制成平面配置总分各图，乃以宫苑额名尺度制度分列为表，其萧录及元史禁扁掖庭记轶名，依类附列加以识别，并于摘要，记所从出，纬以附注，逐条取证"。

全文包括以下部分内容：

第一节　绪论
第二节　宫阙制度
第三节　诸作及铺设
第四节　太庙及社稷坛
第五节　工料之特色
第六节　经始设计之工师名匠及工官

---

❶ 原文未列此二名，篇首有"阚铎谨记"。杨永生先生于2004年1月14日《中国建设报》"朱启钤"一文中注明为二先生所作。
❷ 或应为"宫阙"。
❸ 昕夕（xīn xī），朝暮。
❹ 蒇（chǎn），完成。

第七节　河流
第八节　宫殿轶名
第九节　与辽金制度之比较
第十节　余录

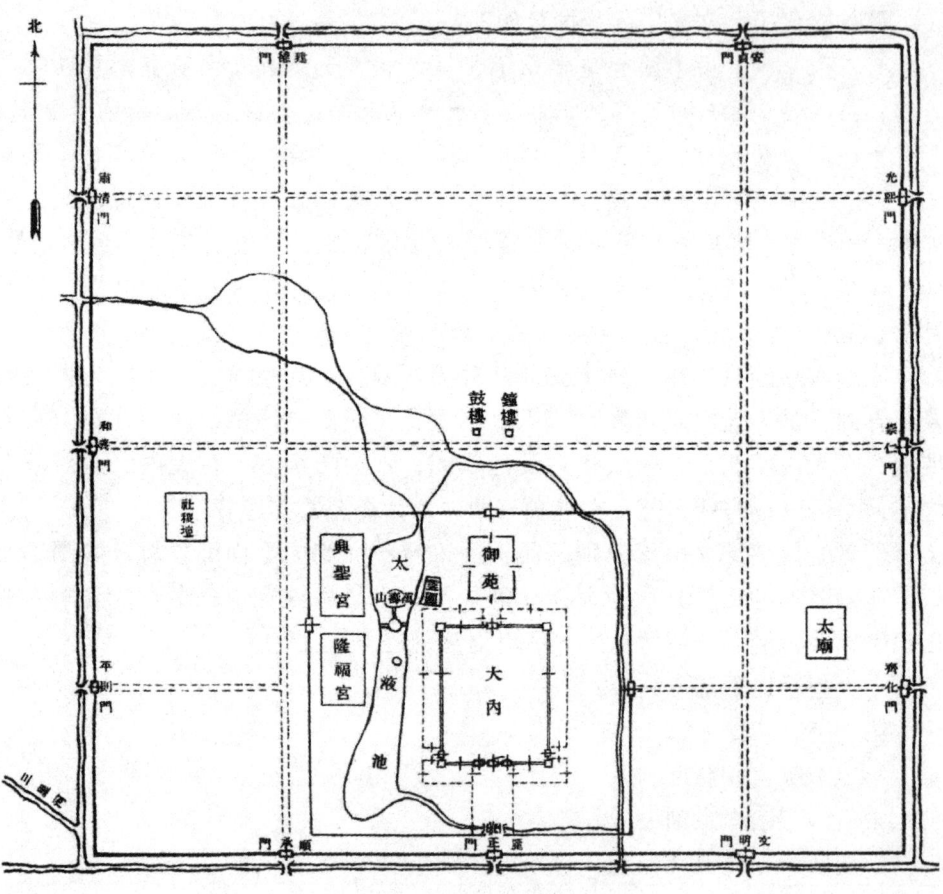

宋麟征绘《元京城图》

34　任启运《宫室考》校记

1931年4月/第二卷第一册/校勘/阚铎

清代《朝庙宫室考》说:"学礼而不知古人宫室之制,则其位次与夫升降出入,皆不可得而明,故宫室不可不考。"

任启运(1670~1744),江苏宜兴人,清代学者。清雍正十一年(1733),皇帝问从臣,有谁精通性理之学,尚书张照报上了任启运的名字。雍正特诏启运进行廷试,出题"太极似何物"。启运将答案呈进御览,得旨嘉奖。授翰林院检讨,在阿哥书房行走。高宗即位,仍命启运上书房行走。著《宫室考》(十三卷)。

所考刊本,有任泰刊(今名单行本)、钓台遗书本(今名彭本)、皇清经解续编(今名王本)、聚学轩丛书(今名刘本)、任道镕苏州刊本(今名苏本)。共五种。

钞本,有四库及武昌柯氏逢时旧藏两本,互校之结果以四库本为最详,彭本为最略,且少"通论"、"辟雍"两篇。

四库本卷首提要,系乾隆四十九年七月进上,去乾隆九年先生之卒,恰40年。

而刘本卷首,有段玉裁序,任泰跋,皆嘉庆九年,钱大昕跋,为嘉庆三年,皆在四库提要成书20年之后。

柯藏钞本,与刘本全同,而柯本多目次一叶,又为各本所无,目次前有男翔校,孙庆范曾孙廷政校字,后有曾孙泰族曾孙兆麟题衔,此即嘉庆九年所刊之单行本,而刘本所据,即系此本之证。

文末列表,从标题、题衔、目录、序、跋、提要、校刊者题衔、卷数、图等诸方面,对文津阁本(四库本)、聚学轩丛书本(刘本)、任泰等校镌本(柯氏藏钞本)、钓台遗书本(彭本)、皇清经解续编本(王本)、任道镕刊本等作一比较。

35　旧京发现岐阳王世家文物纪事

1932年3月/第三卷第一期/论著/瞿兑之

"六百年家史之公开，明初遗物之发现"，作者开篇两句，表明了岐阳王世家文物的非同一般。故家保有六七百年历史、保有祖宗遗物且焕然若新、所藏遗物可与史册互证，在作者看来，一样比一样难。岐阳王世家文物的保存、发现、获得，正是这种难上加难的事，然而也有其必然：

朱桂辛先生注意搜求近代建筑之实证，因而注意于故家文献。又夙知北平故家之不乏旧物也，于是稍有所闻，必进而求其脉络，以冀直接间接获有与建筑相发明之罅隙。其得有岐阳世家文物也，实始于平番之一图，及明代犀甲之二残片。进而询其来历，始知其出自李氏。

李氏，明初名将，开国元勋李文忠，洪武十七年（1384）卒，追封岐阳王。

李氏廿一世孙国寿居北平，怵于世乱衰微。稔知朱公以保存文献为职志，亦慨然出其所藏各种遗物，乃至影像墓图契据分关，咸举以相属，供其考订。

岐阳王世家文物，经学社诸多工作之后，辑成"李文忠集传一篇，李景隆集传一篇，李氏四世以下世系记一篇，李氏入清以来世系记一篇，李氏族谱世系表一篇，李氏画像考一篇，平番得胜图考一篇"。"而李氏六百年之历史昭然若揭，史册之遗文坠事，都得其归宿矣。"

文后将文物55种一一列明。兹抄录部分如下：

第一　吴国公墨敕

按此敕署龙凤九年，是明太祖即位前之四年也。明初奉韩林儿正朔之事，为明人所讳言，仅见于野史，此为绝好之史证矣。纸墨如新，并有太祖手押。

第二　明太祖御帕并纪恩册

李景隆以懿亲子弟，宴见宫中。太祖即以所食点心裹之帕中，以赐景隆。退而藏其帕，以为世宝，并为纪恩册以记其事，亦见族谱。此帕今居然无恙，黄色未渝，丝缕犹韧。又于纪恩册中折出明弘治中历书残叶，足以证其确为明时故物。盖实物之能证史迹者，似此真罕见矣……

36 蓟县独乐寺观音阁山门考

1932年6月/第三卷第二期/论著/梁思成

天津蓟县独乐寺观音阁及山门，为辽圣宗统和二年重建，距作者实地考察的1932年已有948年，是当时我国木建筑中已发现之最古者。作者有云："以时代论，上承唐代遗风，下启宋式营造，是研究我国建筑蜕变上的重要资料，罕有的宝物。"

1931年秋，作者便有赴天津蓟县的计划，但遇"天津事变"（日本侵略者策划指挥天津"便衣队暴乱"），至1932年4月始克成行。作者对独乐寺进行了实地研究，登檐攀顶，逐部测量，速写摄影，记录了各部之特征。

全文分绪言、总论、寺史、现状、山门、观音阁、今后之保护、附录（王于陛《独乐寺大悲阁记》、王弘祚《独乐寺记》）八个部分，《蓟县观音寺白塔记》附刊于后。

"绪言"中，作者首先提到研究建筑的方法："近代学者之道，首重证据，以实物为理论之后盾……秉斯旨以研究建筑，始庶几得其门径。"其"虽读破万卷，于建筑物之真正印象，绝不能有所得，犹熟诵《史记》'隆准而龙颜，美须髯；左股有七十二黑子'，遇刘邦于途，而不之识也"的比喻颇为形象。

在考察之后，作者对所得资料进行了整理，对寺史进行考证，对结构进行分析，对制度进行鉴别。"后二者之研究方法，在现状图之绘制（Measured Drawing）；与唐、宋《营造法式》、明、清《工程做法则例》制度之比较；及原状图之臆造（Restoration Drawing）（至于所用名辞，因清名之不合用，故概用宋名，而将清名附注其下）。计得五章，首为总论，将寺阁主要特征，先提纲领。次为寺史及现状。最后将观音阁山门作结构及制度之分析。"

文后附《独乐寺大悲阁记》、《修独乐寺记》并《蓟县观音寺白塔记》一文。

全文附图69幅，除独乐寺各图外，另有蓟州城图、西安大雁塔门楣石柱头铺作、敦煌壁画净土图、日本奈良兴福寺北圆堂内天花等图；文后《蓟县观音寺白塔记》附图4幅。

作者考察时，辽圣宗统和原构只有观音阁及山门尚存，兹附于此。

独乐寺山门

独乐寺观音阁

37 北平智化寺如来殿调查记

1932年9月/第三卷第三期/论著/刘敦桢

全文包括以下部分内容：

一、引言

二、智化寺沿革

三、寺之配置

四、如来殿万佛阁

五、结论

"引言"部分，论及各代城阙宫殿配列、建筑结构、彩画装饰等异同与变迁，兹抄录部分如下：

北平自辽太祖会同元年（A.D.937）改幽州为南京以来，历辽金元明清五代，前后九百余载，咸宅都于是，年代悠远，求之历代都邑，殆罕其匹。惟其城阙宫殿配列之状，仅明清二代因袭相承，变易较微，若金之于辽，元之于金，明之于元，皆代有改建，而建筑结构、彩画装饰诸项，亦与时推移，不乏变迁。今以清宫建筑与宋李氏《营造法式》相较，其差异之点不一而足，方之唐制，出入尤多，更可想见。

昔日人伊东博士尝调查清宫，谓"唐之幽燕建筑，与辽金元异族文化，综错激荡，演为明清二代之制，与南式稍异"（见明治三十四年《建筑杂志》第一百七十八号），其说固多扼要。惟证以本社梁思成先生调查辽独乐、广济二寺之结果，知辽代寺刹之结构，大体尚存唐制之旧，初无异族习尚渗杂其间，如金元二代之甚者。其后金海陵营中都，图写汴京制度，曲尽其数，屏扆窗牖，胥辇自汴京；明成祖营北京，一依洪武南京规制，董役诸臣亦多南人，皆见诸典籍，确凿可征。而永乐间郑和航南洋，及明末东西交通之频繁，俱与建筑材料装饰，不无关系。故自辽金迄清，其间建筑几经嬗变，初非一系相承之系，其所受外来影响，亦非辽金元数者而已。惟明清宫殿建筑异于唐宋二代者，究至若何程度，其变化起于何时，经过状况若何，受外来影响者何在，皆为研究我国近代建筑史者亟宜讨论之点。至于搜集实例，定其先后，辨其异同，阐明其时代之特征，期与文献互相印证发明，又为首要之图，不待言也……

智化寺山门

鼓楼

如来殿长方形天花

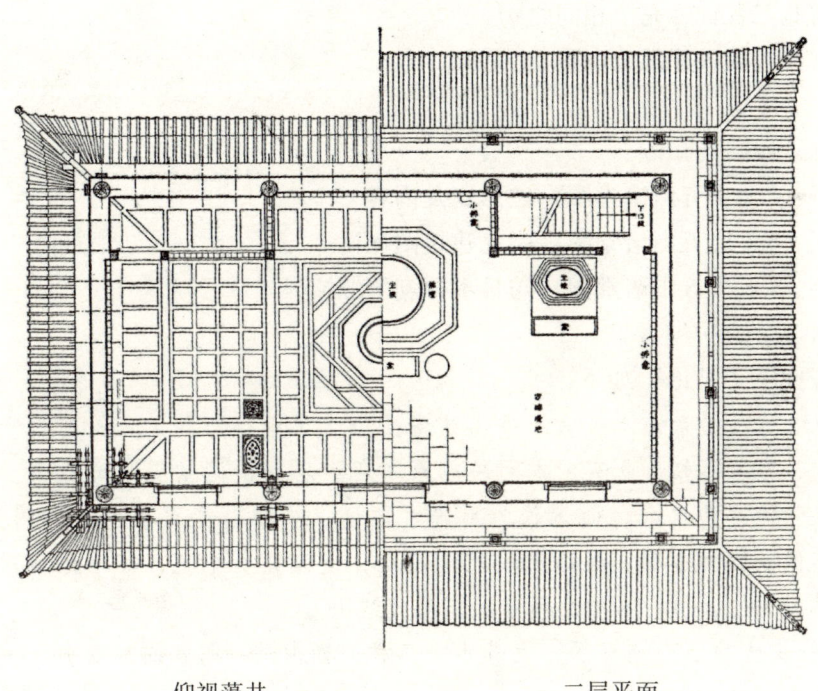

仰视藻井　　　　　　　二层平面

北平智化寺万佛阁绘图

38 《大唐五山诸堂图》考

1932年9月/第三卷第三期/论著/田边泰著，梁思成译

中国"五山"之制，创于南宋。而"五寺"之称，则韧（创）自天竺。是为：径山兴圣万寿寺（杭州临安）、阿育王山鄞丰广利寺（浙江鄞县）、太白山天童景德寺（浙江鄞县）、北山景德灵隐寺（浙江杭县）、南山净慈报恩光孝寺（浙江杭县）。

何为"大唐五山诸堂图"，"序言"部分写道："《大唐五山诸堂图》者，京都市东福寺所藏支那禅刹图式（传《大宋诸山图》）纸本墨书一卷，石川县大乘寺藏支那禅刹图式（寺传五山十刹图）纸本墨书二卷，及出所不明，某氏所藏《大唐五山诸堂图》是也。前二者皆于明治四十四年四月指定为国宝，而此三者皆为完全相同之物……"

全文包括以下部分内容：

一、序言

二、沙门义介传

三、《大唐五山诸堂图》之形式及内容

四、《大唐五山诸堂图》中之建筑图探讨

五、《大唐五山诸堂图》与日本禅刹之源流

六、结论

兹抄录"结论"如下：

以上五项乃余关于《大唐五山诸堂图》之见解，然如义介传有过于离题之倾向，亦未可知，此实因本问题对象之《大唐五山诸堂图》之作者，仅依大乘寺寺传定为义介，而无较此更确之佐证，故据寺传而记述余之调查焉。至于其他方面之考察，其问题较亘于广泛，遗误在所不免，惟略记余对此图之观察，并依此所得略如左列诸点，以代结论。

一、《大唐五山诸堂图》之异本有三种，皆由同一原本描写而成，虽间有误写之处，其内容大体相符。

二、图之制作为贺州大乘寺第一祖彻通义介所关与者也。

三、原本制作年代自正元元年至弘长二年前后约四年间。

四、图之内容包含中国五山及其他平面、建筑图案、构造、佛具及礼仪规制等，故为研究现在几将湮灭之南宋禅宗建筑之绝好资料。

五、日本镰仓时代所始创之禅宗伽蓝内特有之唐式建筑，其为南宋之传统，已成定说，而由此图之存在，更足确证此说非谬。

六、日本唐式建筑创始之年代，与此图之制作年代约略相同，当在荣西禅师归国后约六十余年。

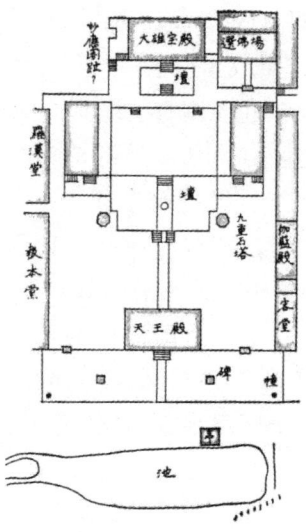

灵隐寺平面略图

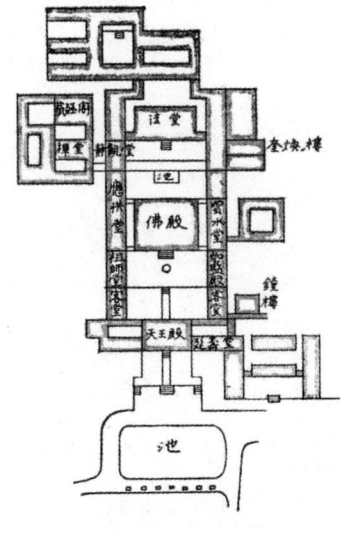

天童寺平面略图

39　宝坻县广济寺三大士殿

1932年12月／第三卷第四期／论著／梁思成

1932年6月,梁思成同社员王先泽等一行到宝坻调查广济寺,随后在《汇刊》第三卷第四期刊发了此文。

从"行程"中可以看出,选择调查宝坻县广济寺似乎有点偶然:"在蓟县调查独乐寺辽代建筑的时候,与蓟县乡村师范学校教员王慕如先生谈到中国各时代建筑特征,和独乐寺与后代建筑不同之点,他告诉我说,他家乡——河北宝坻县——有一个西大寺,结构与我所说独乐寺诸点约略相符,大概也是辽金遗物。于是在一处调查中,又得另一处新发现的线索。"

北平到宝坻不过八九十公里,但却从早晨"不到五点……就到了东四牌楼……一直等到七点……在两千多只猪惨号声中……上车向东出朝阳门而去。"进宝坻城时,"已是下午三点半"。从作者所绘的行程图或许可以看出其路途的艰辛。

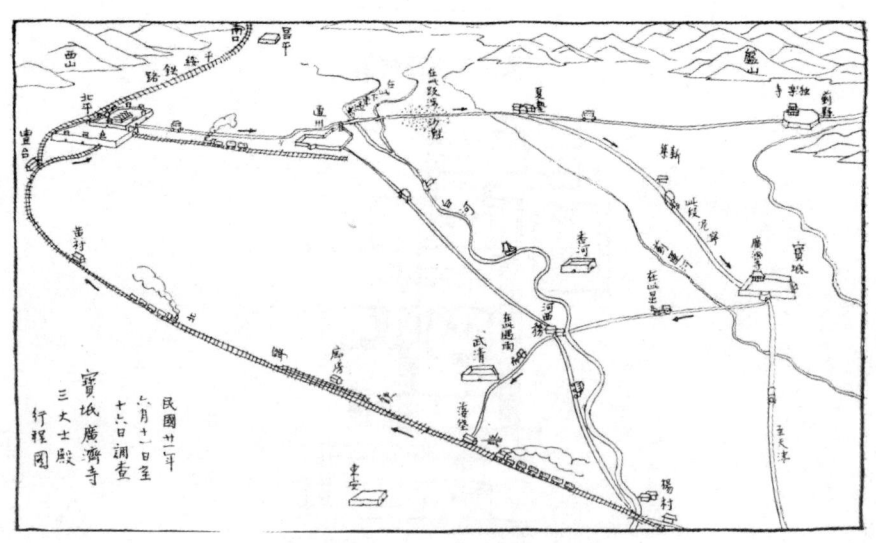

宝坻县广济寺三大士殿行程图

全文包括行程、寺史、大殿、结论四部分内容。

40 开封之铁塔

1932年12月/第三卷第四期/论著/龙非了

据康熙《开封县志》,"祐国寺在旧县治东北,名曰等觉禅院……内有铁色琉璃塔,俗呼为铁塔寺"。

全文共分以下部分:

绪言;

铁塔历史之考察;

铁塔历劫经过之考察;

铁塔之材料与构造;

铁塔之构成尺度;

铁塔之安定度之考察。

开封铁塔

铁塔出檐及平座

铁塔入口

41　琉璃釉之化学分析

1932年12月/第三卷第四期/杂俎/叶慈著，瞿祖豫译

　　译者在节译说明中写道："一九二七至一九二八年东方陶瓦学会报告中，有英国叶慈博士《中国屋瓦考》专刊一册。首段论中国陶瓦之起源，与瓦当文字。次述文字以外之花纹，如青龙、白虎、朱雀、玄武四神，罗举典籍所载，详中疏论。末段题琉璃釉之结果，载布兰德里博士化验琉璃釉之结果，以科学方法比较清官窑琉璃釉之材料成分，与宋李氏《营造法式》琉璃做法大体符应；并分析德国万勒苛克博士得自东部土耳其斯坦之琉璃砖，请此法传自西方，可与我国史乘所载互相发明。其云深绿色光泽之釉，变成红褐色，尤疑为红色窑变，非受气候影响改变者。至于我国琉璃制法，历来匠师视为奇货，秘不示人，一二笃志之士，即欲潜心研求，苦无门径，斯业迄无进展，未始非积习使然。兹篇所举化学成分，不仅为留心古器物者之参考，且足供此项工业改良进步之助。"

42　平郊建筑杂录

1932年12月/第三卷第四期/杂俎/梁思成、林徽音
1935年6月/第五卷第四期/梁思成、林徽因[1]

开篇写道:"北平四郊近二三百年间建筑遗物极多,偶尔郊游,触目都是饶有趣味的古建。其中辽金元古物虽然也有,但是大部分还是明清的遗构;有的是喧赫的'名胜',有的是消沉的'痕迹';有的按期受成群的世界游历团的赞扬,有的只偶尔受诗人们的凭吊,或画家的欣赏。"

全文共分四部分:
一、卧佛寺的平面;
二、法海寺门与原先的居庸关;
三、杏子口的三个石佛龛;(一至三载于第三卷第四期)
四、由天宁寺谈到建筑年代之鉴别问题。(载于第五卷第四期)

法海寺门上塔

法海寺塔门

---

[1] 依原文,写法与上名不同。

杏子口南崖石佛龛　　　　　　杏子口北崖石佛龛

43　大壮室笔记

1932年9月/第三卷第三期/杂俎/刘敦桢
1932年12月/第三卷第四期/杂俎/刘敦桢

刘敦桢（1897~1968），字士能，号大壮室主人，湖南新宁人。

此文记有：两汉第宅杂观、两汉官署、两汉道路、方、汉长安城及未央宫、櫍、辩《辍耕录》"记宋宫殿"之误、西汉陵寝、东汉陵寝。

渭陵

东汉鲁王墓石像

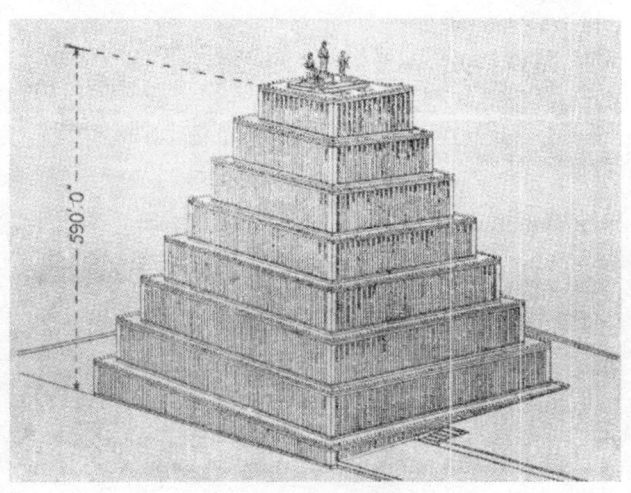

古代巴比伦之塔庙

44 福清二石塔

1933年7月/第四卷第一期/论著/艾克著,梁思成译

此文记述了福建福清县的两座石塔——瑞云塔、水南塔:"水南塔的雕饰,亦颇粗陋,无甚可述。值得赞美的乃是整个塔的建筑的观念。瑞云塔的轮廓虽然华丽玲珑,但整个的镇静的现象,而此小塔却是整个的创意。"

文中对雕像的描述甚为详细:"长眉罗汉的笑容,好像在表示他对于这塔之幸运有极深的信仰;其他各像也是如此,他们都各有个性的表现,不只是匠人呆板的工作而已。这些像虽不是庞大的纪念物,然而各个端坐不移神秘的表现,深刻的虔诚和天真的福佑,使对之者忘却己身,而瞬息之间忧愁烦闷尽除。只有达摩一像,流露一种讥讽的笑意,他的门牙仿佛是在咬他自己的薄唇。"

水南塔

瑞云塔

45　正定调查纪略

1933年9月/第四卷第二期/论著/梁思成

　　1933年4月，梁思成先生在兵荒马乱中游河北正定（1932年12月"榆关事变"不久）。调查了隆兴寺及四塔、阳和楼、正定县文庙，共计摄影或测量建筑物18处，详细测量6处，略测5处，其余仅摄影。

　　"材料太多，非时半载不办，而且篇幅过大，非汇刊所能容，所以先作'纪略'。"记而不考曰"纪"，记而不详曰"略"，所以作者称此文为"纪略"。

　　全文分绪言、纪游、纪古建筑三部分，及1933年11月的补记。

　　"纪古建筑"部分有隆兴寺、阳和楼及关帝庙、天宁寺木塔、广惠寺华塔、临济寺青塔、开元寺砖塔及钟楼、府文庙、县文庙大成殿。

隆兴寺摩尼殿南面全景

隆兴寺摩尼殿南面抱厦下檐转角铺作

46　明长陵

1933年9月/第四卷第二期/论著/刘敦桢

　　民国辛未七月（1931），作者与濮、张二君游明长陵。
　　根据文后"附记"，此文为1931年中央大学建筑系调查古建筑报告之一。旧稿自"九一八"事变后一直未完稿。后经中央大学福泰先生同意，节录原文，略事补充，于该期发表。篇中相片及图系中央大学濮齐材、张至刚二先生所作。
　　调查部分，记有石牌坊、大红门、碑亭、石柱、石兽石像、龙凤门、稜恩门、稜恩殿、明楼等。

稜恩门栏干

47　大同古建筑调查报告

1934年6月/第四卷第三、四期/论著/梁思成、刘敦桢

据《汇刊》第四卷第三、四期后"本社纪事"载:"大同自北魏建都后,辽金二代复置陪都于此。华严寺为奉安辽帝后铜石像地点,与善化寺同为当地巨刹。经梁思成、刘敦桢二君详细调查,知二寺内有辽建筑六所,金建筑三所,并有辽代壁藏,为海内稀有之珍物,均经摄影测量,于本期汇刊内发表。"

1933年9月,梁思成、刘敦桢、林徽音、莫宗江等自北平西行,考查大同内城之华严寺、善化寺,形成此调查报告。

全文包括以下部分内容:

一、纪行

二、华严寺
　　略史
　　薄伽教藏殿
　　海会殿
　　大雄宝殿

三、善化寺
　　略史
　　大雄宝殿
　　普贤阁
　　三圣殿
　　山门
　　东西朵殿
　　东西配殿

四、结论

五、附录
　　大同东门南门西门城楼
　　钟楼

华严寺天王殿

薄伽教藏殿远景

48 赵县大石桥

1934 年 9 月/第五卷第一期/梁思成

此文介绍了河北赵县大石桥（安济桥俗称，又名赵州桥）、小石桥（永通桥俗称）、济美桥（宋村桥）。

梁思成先生此次考察赵州，"不意不单是得见伟丽惊人的隋朝建筑原物，并且得认识研究这千数百年前的结构所取的方式，对于工程力学方面，竟有非常的了解，及极经济极聪明的控制。所以除却沧州铁狮子我尚未得瞻仰不能置辞外，我对于北方歌谣中所称扬的三个宝贝，实在赞叹景仰不能自已，且相信今日的知识阶级中人，对这几件古传瑰宝，确有认识爱护的必要，敢以介绍人的资格，将我所考察所测绘的作成报告，附以关于这桥建筑及工程方面的分析，献与国内同好。"

此文前有安济桥、永通桥现状实测图及各桥图片。

此文后有附录如下：

附录一：安济桥券壁刻字钞录
    北券北壁刻字
    北券南壁刻字
    南券南壁刻字

附录二：光绪《赵州志》所载安济桥、永通桥文献照录
    安济桥铭
    安济桥诗
    古桥仙迹
    咏安济桥
    安济桥有感
    重修大石桥记
    杂考
    永通桥诗
    重修永通桥记

安济桥西面全景

永通桥南面西部

济美桥中部小券

49 穴居杂考

1934年9月/第五卷第一期/龙非了

此文为《汇刊》中唯一一篇关于穴居的文章，从我国古代穴居、四裔之穴居、近代黄河中游之穴居三个方面加以论述。在近代黄河中游之穴居部分，作者就当时所存土穴之平面配置，分为四类：（一）单方向者；（二）二方向者；（三）三方向者；（四）四方向者，并揭示其与贫穷富贵之关系。

以上四类穴居，仅就见闻所及，举其大凡。然亦每因地势高下，与家业贫富，人口多寡，异其方向、种类、结构、穴数，无一定不变之法则。大抵（三）（四）二种，为数较少，非官绅、富农，力不及此。第（二）种系大家庭聚居之所，数量稍多，近有利用为营房、学校、旅舍、商店、公所，及仓、库、厨、庑者。第（一）种为数最众，凡无告穷民，概营此种穴居。其生活简陋，几不知近世物质文明为何物。意者"窮"、"寠"、"窖"诸字之缔构，皆从穴，岂其命意，与类乎此种原始生活之穴居有关乎？

门之外穴

50 定兴县北齐石柱

1934年12月/第五卷第二期/刘敦桢

1934年9月22日，刘敦桢先生偕研究生莫宗江、陈明达抵河北定县，调查城内元慈云阁。24日抵石柱村，测绘石柱。

此文从历史、式样、详部及保存意见等方面加以论述。

石柱题额及石屋

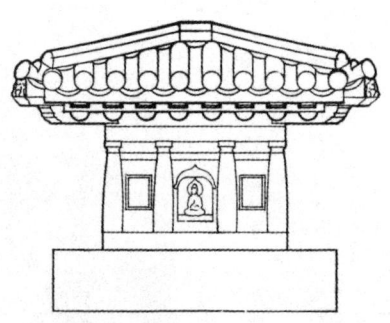
石屋正面

关于石柱的保存，作者提出了如下意见：

此柱之年代，如前所论，虽稍后于云冈石窟，然其详部结构，若地栿及圆柱卷杀、栌斗此例，檐椽、飞子、角梁、角神、瓦饰等，足补同时代遗物之不备。在我国建筑史中，不失为重要证物之一，故其修理保存，亟不容缓。爰就蠡见所及，列举如次：

（一）柱附近土质，系普通黄土，日久雨水冲刷，必至崩溃，影响柱之安全。尤以此柱基础石质不佳，其一部露出地面上者，不宜令其永久暴露风雨中，受气候之凌轹。宜速将柱础附近低凹处，填筑使平，其上做水泥地面，掩护柱基，使微成斜状，导雨水外流。

（二）柱巅石屋，宜装避电针❶。

（三）石缝及一切孔穴，最易停留泥土，滋生草木，宜洗剔清净，用纯洋灰调色填补，使与石色一致。

（四）石之表面，为防止受气候影响，发生崩毁计，应全部洗涤，涂 Solution of Silcate of Soda 及 Solution of Choride of Calcium 之类保护之。

（五）严禁公私拓印颂文。

以上五项，所费无几，而于延长柱之寿命，收效颇巨。甚望中央古物保管委员会，及河北省当局，共伸宏愿，速事保存，不令此千余年古物，增其颓坏程度，是为厚幸。

全文包括以下部分内容：

一、地点

二、略史

  石柱之起原及建立经过

  建立年代

  柱上铭刻

  建立后史料

三、石柱式样之检讨

四、详部结构

  莲座

  柱及盖版

  石屋

五、柱之保存意见

附录

  标异乡义慈惠石柱颂

  石柱功德题名

  石屋墨笔功德题名

  沙丘寺碑

  定兴县志金石志

  沈曾植跋

---

❶ 即"避雷针"。

51　泉州印度式雕刻

1934年12月/第五卷第二期/库玛拉耍弥著，刘致平译

艾克博士❶南游闽厦，前往泉州开元寺，在大雄宝殿得见印度式石柱雕刻。于是将其所得，绘图摄影，寄给印度学者库玛拉耍弥（Ananda K. Coomaraswamy）先生。库氏为记，刊于德国《东亚美术》季刊1933年第一、第二期合刊本。

此石柱，为营造石作中罕有之例，也是雕刻史中可贵之资料。

印度学者库玛拉耍弥（Ananda K. Coomaraswamy）❷

大殿东边石柱　　大殿西边石柱

---

❶ 为中国营造学社评议。
❷ WIKIPEDIA. Ananda Coomaraswamy [EB/OL]. [2013-12-20]. http：//upload.wikimedia.org.

开元寺大雄宝殿正面立面图

圆盘第五号

圆盘第七十号

大殿台阶束腰之雕刻

85

52　晋汾古建筑预查纪略

1935年3月/第五卷第三期/林徽因、梁思成

1934年夏，林徽因、梁思成乘暑假之便作山西汾阳之游。以汾阳峪道河为根据，向邻近诸县作多次旅行，计停留八县，为太原、文水、汾阳、孝义、介休、灵石、霍县、赵城。所参诣古构，不下三四十处，元明遗物，随地遇见。作者择其要加以记述。关于龙天庙，作者写道：

龙天庙在西岩上，庙南向，其东边立面，厢庑后背，钟楼及围墙，成一长线剪影，隔溪居高临下，隐约白杨间。在斜阳掩映之中，最能引起沿溪行人的兴趣。山西庙宇的远景，无论大小都有两个特征：一是立体的组织，权衡俊美，各部参差高下，大小相依附，从任何观点望去均恰到好处；一是在山西，砖筑或石砌物，斑彩淳和，多带红黄色，在日光里与山冈原野同醉，浓艳夺人，尤其是在夕阳西下时，砖石如染，远近殿红映照，绮丽特甚。在这两点上，龙天庙亦非例外。谷中外人三十年来不识其名，但据这种印象，称这庙做"落日庙"并非无因的。

庙周围土坡上下有盘旋小路，坡孤立如岛，远距村落人家。庙前本有一片松柏，现时只剩一老松，孤傲耸立，缄默如同守卫将士。庙门镇日闭锁，少有开时，苟遇一老人耕作门外，则可暂借锈钥，随意出入；本来这一带地方多是道不拾遗、夜不闭户的，所谓锁钥亦只余一条铁钉及一种形式上的保管手续而已。这现象竟亦可代表山西内地其他许多大小庙宇的保管情形。

龙天庙献食棚及牌楼

全文包括以下部分内容：
汾阳县　峪道河　龙天庙
　　　　大相村　崇胜寺
　　　　杏花村　国宁寺
文水县　开栅镇　圣母庙
　　　　文庙
汾阳县　小相村　灵岩寺
孝义县　吴屯村　东岳庙
霍　县　太清观
　　　　文庙
　　　　东福昌寺
　　　　西福昌寺
　　　　火星圣母庙
　　　　县政府大堂
　　　　北门外桥及铁牛
赵城县　侯村　女娲庙
　　　　广胜寺下寺
　　　　广胜寺上寺
　　　　广胜寺　明应王殿
　　　　霍山　中镇庙
太原县　晋祠
结　尾

崇圣寺后殿外檐斗栱

87

53　易县清西陵

1935年3月/第五卷第三期/刘敦桢

清代陵寝，依其分布状态，可分为四区。

一为兴京陵，在今辽宁省新宾县，有太祖开基前肇祖、兴祖二帝之陵，顺治十五年，自沈阳积庆山迁景祖、显祖祔葬于此，改称永陵。

一为辽宁沈阳附近的太祖福陵（俗称东陵）和太宗昭陵（俗称北陵）。

入关后，别为东西二陵。

东陵在今河北省兴隆县昌瑞山，位于北京东北约120公里，有世祖（顺治）孝陵、圣祖（康熙）景陵、高宗（乾隆）裕陵、文宗（咸丰）定陵、穆宗（同治）惠陵及太宗后孝庄皇后昭西陵以下诸后妃之陵。

西陵在北京西南140公里河北省易县永宁山下，自世宗（雍正）泰陵以次，有仁宗（嘉庆）昌陵、宣宗（道光）慕陵、德宗（光绪）崇陵及诸后妃之陵。

关于此次调查的文献背景，作者写道：

历代地宫结构，史籍略而不言，其片言只字散见群书者，又无图说参证，靡由穷其究竟。惟清代宫阙陵寝，自康熙中叶以来，由样式房雷氏一族承绘图样，鼎革后，其家藏图稿，售于国立北平图书馆及中法大学，内有陵寝地宫平面剖面诸图，标注尺寸材料，大体完备；而社藏惠陵工程全案，与崇陵崇妃园寝工程做法册，及故宫文献馆所藏崇陵施工像片多种，皆极重要之史料。由此推测清代地宫情状，略能得其梗概，此可注意者二也。

关于此行调查，作者写道：

职是之故，著者于民国二十三年九月偕研究生莫宗江、陈明达二君调查西陵，即以测绘平面配置为主要工作。并以雷氏诸图所载尺寸，换算公尺，与实状核校，于是诸图中何为初稿，何为实施之图，亦得以证实。本文根据以上各项材料，对于清西陵营建年代，与平面变迁、地宫结构等，在可能范围内，作详细之叙述，供研究我国建筑史者之采撷。其余大木架构、装修、彩画、雕刻等，纯属清官式做法，为人所习知，悉从省略。

全文包括以下部分内容：

一、导言
二、诸陵之概状
　　帝陵
　　后陵
　　妃园寝
三、营建年代
四、平面配置之比较
　　陵之总平面
　　殿座平面

泰陵石牌坊

泰陵圣德神功碑亭

昌陵二柱门及方城明楼

54 河北省西部古建筑调查纪略

1935年6月/第五卷第四期/刘敦桢

据"本社纪事"所载，1935年5月，刘敦桢先生率研究生陈明达、赵法参，自保定南下，经高阳蠡县，至安平县，调查元圣姑庙及明文庙大成殿。

嗣至定县，调查城内宋开元寺砖塔、明大道观正殿、天庆观玉皇殿诸建筑。又赴曲阳县测绘元北岳庙德宁殿，及少容山八会寺隋石刻、宋塔，以及清化寺元幢等。其初步报告，即刊出的此文。

全文包括以下部分内容：

纪行

定兴县　慈云阁

易县　开元寺　毘卢殿　观音殿　药师殿　其他古物　泰宁寺舍利塔　双塔庵东西塔　荆轲山圣塔院塔　白塔院千佛塔

涞水县　大明寺　水北村唐石塔　西冈塔

涿县　普寿寺　云居寺塔　智度寺塔

安平县　圣姑庙　文庙

定县　开元寺塔　大道观正殿　天庆观玉皇殿

曲阳县　北岳庙德宁殿　八会寺　清化寺

附录　曲阳石刻　蠡县石桥及墙壁防碱设备　定县考棚

慈云阁大士像

55　北平护国寺残迹

1935年12月/第六卷第二期/刘敦桢

　　北京护国寺旧名崇国寺，位于西四牌楼北。作者于开篇介绍，自山门历金刚、天王、延寿、崇寿诸殿，均为明清二代所建，无甚异处。只有崇寿殿之北，千佛殿残壁以木骨与土砖合砌，上施阑额，至隅柱外，垂直截割颇类辽代遗构。

　　作者多次到寺中，遍访遗迹，择与建筑艺术有关者，与陈明达、邵力工、莫宗江测绘摄影，写就此篇。篇首简要介绍了寺之沿革与现状。

　　全文包括以下部分内容：

　　略史

　　现状

　　千佛殿

　　舍利塔

　　透龙碑

　　明成化年碑

　　垂花门

　　延寿殿菱花槅

　　天王殿雀替

护国寺金刚殿

56 清故宫文渊阁实测图说

1935年12月/第六卷第二期/刘敦桢、梁思成

作者于篇首简要介绍了《四库全书》的编修及其存放的建筑。此文对乾隆所建文渊阁及其附属碑亭进行了考证，清以前者则从略。

结论部分概括了文渊阁的特征：

（一）清文渊阁之名，虽袭明代之旧，然地点位于文华殿之北，与明代异。

（二）阁之平面，大体以天一阁为法，但内部配置，则以书量与实用为标准，利用下檐地位，加设暗层，又于明间三间，另辟广厅，非一一墨守范氏旧规也。

（三）为调和环境计，屋顶改硬山为歇山，覆琉璃瓦。

（四）大木架构最堪注意者，即斗栱异常丛密，与步架之非均等，及屋顶坡度之改低，皆不符工程做法所载，足供参考。

全文内容包括：平面配置、外观、结构、碑亭、结论、跋。

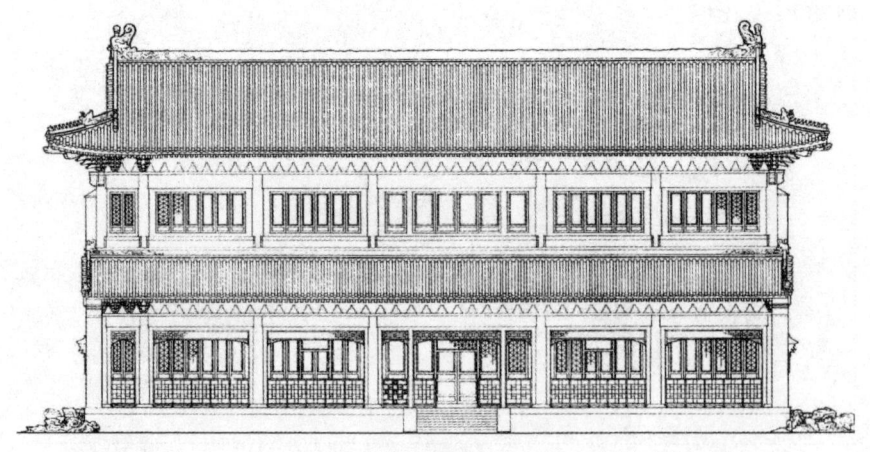

文渊阁正面立面

57 清《皇城宫殿衙署图》年代考

1935年12月/第六卷第二期/刘敦桢

1934年9月，刘敦桢先生与单士元先生检读国立北平图书馆明清舆图时，无意中发现了清初《皇城宫殿衙署图》一幅。据介绍，原图未标名称，此名称为馆中题录。

文中所登《皇城宫殿衙署图》较不清晰，此处未列。

该图南起大清门，北至地安门，东至东安门，西到西安门。图绘皇城内宫殿、官署、民房、街道、河渠等，内容详细。图上显示东安门、西安门及地安门内已有民宅。图上未标出图名，后人以清内阁大库书目名为依据，定名为《北京皇城宫殿衙署图》。

因此图无绘者姓名，也未签注年月，作者考证起来颇感困难："爰就见闻所及，搜集文献上所载清代宫苑变迁之资料，持与此图核对，发见图中所绘大内宫殿，大多数属于康熙十八年以前，瀛台规模，则属于康熙十九年改筑后情状。此外与文献不符者，尚有二处：一为大内宏德殿昭仁殿与东西暖殿，据《日下旧闻考》，建于康熙三十六年；一为玛哈噶喇庙，建于康熙三十三年，图中亦皆收入，致与其他建筑，前后抵触，未能一致。然此图实为清初极重要之史料，不能因微疵弃置不顾，因将校读经过，公诸同好，尚冀大雅宏达，纠其谬误，补其阙漏，则幸甚矣。"

作者认为此图为清初极重要的史料，在此文中介绍了校读经过，从大内宫殿、苑囿、官署、祠庙四个方面分别进行了论述。

结尾写道：

综上所述，图中所示之建筑，除玛哈噶喇庙与弘德殿、昭仁殿东西暖殿之营建年代，尚竢研求外，其余殿阙，大都属于康熙十八年或十九年以前，故图之正确年代，虽遽难决定，然所示皇城宫殿规模，在时间上，属于康熙中叶，殆无疑问。异日当详为分析，与乾隆北京地图，互相比较，或于清代宫苑变迁之经过，不无俾益也。

58　汴郑古建筑游览纪录

1936年9月／第六卷第三期／杨廷宝

　　杨廷宝先生因事过郑州赴开封，乘暇拍得古建筑相片多幅，返北平后，因其友人相嘱，为此游记。

　　全文包括以下部分内容：

　　开封佑国寺塔；

　　开封繁塔；

　　开封相国寺塔；

　　开封龙亭及其他；

　　郑州开元寺塔及经幢；

　　郑州文庙及城隍庙。

开元寺经幢详部

开封龙亭

59　苏州古建筑调查记

1936年9月/第六卷第三期/刘敦桢

1936年夏，刘敦桢先生乘暑期休假之便，南游新都（南京），意犹未尽。因忆金阊（苏州）名迹相距不远，复游苏州，为此文。

该文以介绍苏州古建筑概况为主旨，凡所论述，仅以重要特征为限，故于双塔详细结构略而未载，范祠灵严寺及各园林建筑因篇幅所限，未予刊登。

全文包括以下部分内容：

纪游；

圆妙观三清殿；

双塔寺双塔及大殿遗迹；

报恩寺塔；

虎丘云严寺；

府文庙；

瑞光寺塔；

开元寺无梁殿。

妙观三清殿山面

60 元大都城坊考

1936年9月/第六卷第三期/王璧文

1930年12月第一卷第二期已刊王璧文先生《元大都宫苑图考》一文，对元代宫苑坛庙及诸作铺设材料工官叙述非常详细，但对城坊配置则略。此文补其阙漏，详记元大都城平面配置及市坊分布。

全文目录如下：

一、沿革

二、大都平面配置之概状

  甲 宫苑庙社

  乙 坊市

  丙 平面配置之原则

三、都城

  甲 制度及结构

  乙 位置

四、宫城（萧墙及宫城外夹垣附）

  甲 位置

  乙 制度

  丙 萧墙（宫城外周垣）及宫城外夹垣

五、坊市

"沿革"中提到：

元大都（今北平）古冀州地，唐属幽州范阳郡，其末季，刘仁轨尝据以僭帝号。石晋时地人于辽，辽太宗会同元年，立为南京，又曰燕京，是为北平奠都之始。金海陵贞元元年，因辽南京旧址拓而大之，号曰中都。元太祖十年克燕，初为燕京路，总管大兴府。世祖至元元年，复曰中都，四年于旧城之东北，创置新城，始迁都焉。九年改曰大都。降及明清，并因之为都，称曰北京。逮至民国，仍而未改。十七年国都南迁，乃更名北平。故言北平建置沿革者，应以唐以前属之第一期，辽金为第二期，元明清为第三期。而吾辈今日所见之城阙宫殿，虽多数为明清二代遗迹，然究其嬗递因革之原，不能不以元大都为起点也。

西小关（健德门）外石桥

东土城（南望）

西土城（南望）

61 河南省北部古建筑调查记

1937年6月/第六卷第四期/刘敦桢

1936年春起一年内，刘敦桢先生与学社研究生陈明达、赵法参二先生，前后三次调查河南省北部的古建筑，其范围包括黄河北岸的旧彰德、卫辉、怀庆三府，以及南岸的渑池、洛阳、孟津、偃师、登封、巩密、汜水、郑县、开封等县。

作者言："除去开封、郑县二处的古建筑，已经杨廷宝先生介绍过，以及洛阳等处石窟建筑另行发表外"，此文将其余资料，依每次旅行路线，分为上、中、下三篇加以记述。

第六卷第四期仅有上篇。其后国内战事频繁，至第七卷第一期在四川省宜宾李庄镇复刊，已是1944年。上述中、下两篇终未刊登在《汇刊》上。

全文目录如下：

绪言

上篇

   纪行

   新乡县　关帝庙

   修武县　文庙

      胜果寺塔

	东大街经幢
	东板桥村二郎庙正殿
	汉献帝禅陵
博爱县	明月山宝光寺
	民权镇观音阁
沁阳县	东魏造像碑
	天宁寺
	城隍庙牌楼
济源县	王屋山阳台宫
	王屋山紫微宫
	济渎庙
	奉仙观
	延庆寺舍利塔
	迎春桥及其他
汜水县	等慈寺
洛阳县	白马寺释迦舍利塔及其他
孟津县	汉光武帝原陵
偃师县	唐太子宏陵
登封县	汉太室祠石阙及石人
	汉少室庙石阙
	汉启母庙石阙
	中岳庙
	崇福宫
	嵩岳寺
	法王寺
	会善寺
	永泰寺
	少林寺
	告成镇周公庙
密　县	法海寺塔

新乡县关帝庙大门

博爱县宝光寺观音阁内檐彩画

沁阳县东魏造像碑

(左二图为造象碑背面雕刻)

62 明鲁般《营造正式》钞本校读记

1937年6月/第六卷第四期/刘敦桢

此文篇幅不大，兹抄录前后部分如下：

鲁般《营造正式》六卷，曾著录明焦竑《经籍志》，惟焦志简称《营造正式》，列于宋李诫《营造法式》之前，读者每疑其书与李书相仲伯。曩岁晤赵斐云先生，知于宁波天一阁获睹是书，颇类明福建刊本，约异日以跋记见贻，以谂同好。乃比岁来人事倥偬，同居旧都，竟无造访之缘，穷其究竟。去岁十一月，浙省举行文献展览，范氏遗书，往日深锢密藏，非常人所得问津者，至是遂公开于世。此书经陈叔谅先生影抄，以赠叶遐庵先生，叶先生复以转赠社中，始悉焦氏著录者，固与坊间通行之《匠家镜鲁班经》，同为

101

一书。

范氏所藏，据钞本共存三十六页。版心最低者十六公分，最高者十七公分半，宽十一公分。每面八行，行十五字。插图二十幅，占全页者十五幅，半页者一幅，余四幅略小，盖文与图篇幅略相颉颃也。

……

此书在旧日南方诸省，流传极广，几与官书做法则例，处于对立地位，而势力弥漫，殆尤过之。惟书中往往杂以咒诀及五行迷信之说，实无足取。然苟获明刊原本，依其图式，推求明以来南方住宅、祠庙结构之变迁，亦足为研究我国建筑史之一助也。

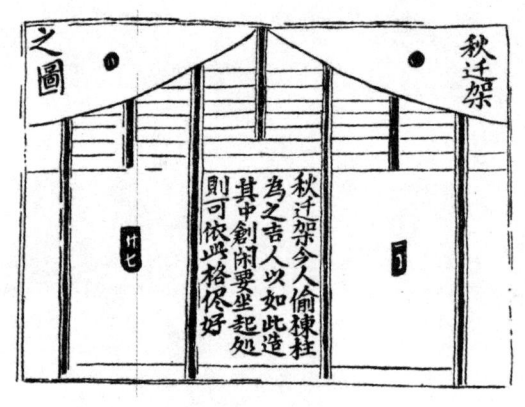

秋千架

63 记山西五台山佛光寺建筑

1944年10月/第七卷第一期/梁思成
1945年10月/第七卷第二期/梁思成

第七卷第一期载：

一、记游；

二、佛光寺概略（现状与寺史）；

三、佛殿建筑分析（立面，平面，横断面，纵断面，月梁，平闇❶，柱及

---

❶ 作者云："平闇"及平棊均即后世所谓"天花板"。

础，门与窗，屋顶举折，椽槫角梁，瓦及瓦饰）；

四、佛殿斗栱之分析（七种斗栱，材栔）；

五、佛殿附属艺术（塑像，石像，壁画，题字）；

六、经幢（唐大中十一年幢，唐乾符四年幢）。

第七卷第二期载：

七、文殊殿（平面，斗栱，柱及础，梁架，门窗，佛像）；

八、祖师塔及其他墓塔；

九、无名两墓塔。

佛光寺文殊殿全景

"记游"部分记述了梁思成先生1937年6月偕社友莫宗江、林徽因及技工一人入晋拜谒名山，探索古刹，于佛光寺调查的情形。关于佛光寺的建筑形制，记有："佛光寺正殿魁伟整饬，为唐大中原物。除建筑形制特点历历可征外，梁间尚有唐代墨迹题名，可资考证。"至于工作之艰辛，记有："或佝偻入顶内，与蝙蝠壁虱为伍……为求得题字全文，当时遣僧入村募工搭架……僧去数日，仅得老农二人。"更兼时局动荡的描述："工作二日，始闻卢桥烽火。时战事爆发，已逾五日。当时访胜所经，均来日敌寇铁蹄所践。大好河山，令已不堪回首。"以及所绘图稿辗转再三、送抵北平的不易。

后文中有佛光寺大殿、唐大中十一年幢、唐乾符四年幢、佛光寺文殊殿、祖师塔、无名圆墓塔、无名六角墓塔等绘图、摄影制图50幅，较全面地反映了佛光寺的建筑结构。

佛光寺祖师塔全景　　　　佛光寺祖师塔上层

64　云南一颗印

1944年10月/第七卷第一期/刘致平

"一颗印"为民居的一种形式,在云南中部地区有许多这种形式的四合院住宅。其正房三间,左右耳房各两间,前面临街一面为倒座,中间为住宅大门。四周房屋均为两层,天井围在中央,住宅外面都用高墙,很少开窗,整个外观方方整整,如一块印章,所以俗称为"一颗印"。

此文为刘致平1939年著《昆明东北乡调查记》一文中"一颗印住宅"部分的节录。

"绪言"中论述了我国建筑常用的两种布置式样:一种为九室式,我国西南四川、云南一带多用之;一种为五室式,我国东北辽宁、直隶一带多用之。云南"一颗印"住宅实为九室式中之一种主要制度,云南中部各县镇乡居民几全用之。

其后从房间布置、构造式样、各种做法三个方面加以论述。施工程序的描述颇为详细。

"论列"部分从"一颗印"住宅的防御特性,得出"其有助于将来国防住宅之设计"的结论。并对内部配置、结构与地理和气候影响等做了总结。但"此种房何时产生及与中原住宅之关系若何则以现有资料太少,无法确定"。

文后附图20幅,有西南、东北住宅比较图(如下),"一颗印"四种,"一颗印"住宅平面图、立面图及断面图,及细部。

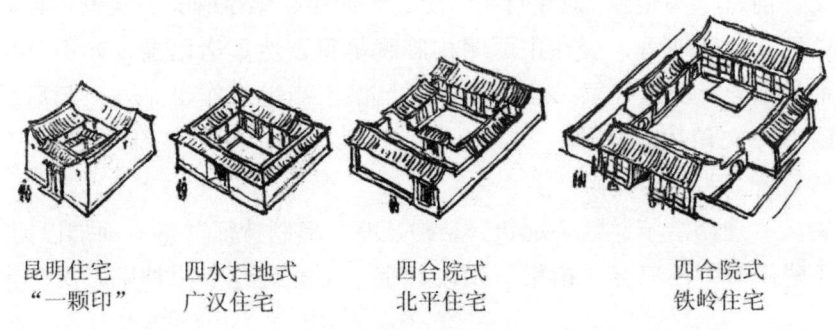

昆明住宅　　四水扫地式　　四合院式　　四合院式
"一颗印"　　广汉住宅　　北平住宅　　铁岭住宅

西南、东北住宅比较图

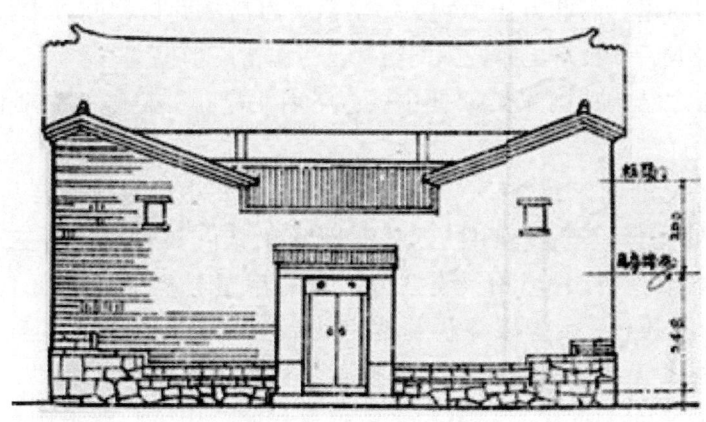

孟家"一颗印"住宅立面图

65　旋螺殿

1944年10月/第七卷第一期/卢绳

旋螺殿位于四川宜宾李庄镇南五里的石牛山。1943年，卢绳与莫宗江测绘了宜宾旧州坝白塔后，又在莫宗江、罗哲文的协助下，不到两日完成了该殿的测绘。

此文"前言"写道："殿建自明万历二十四年，梁宇碑文，实资佐证。外观八角三檐，形殊瑰秀，晨在中原明构睥睨可得，然置诸巴蜀，亦不啻星凤灵光，洵足宝异，况其柱梁结构之优，颇足傲于当世之作也。……归后综理测稿，附以释文稍述其建修，明其今状，析其结构，标其特征，都为一卷，庶使读斯篇者，明其梗概而已。"

该文从"建修沿革、殿宇现状、结构述略、形制特征"等方面加以记述。

关于建修沿革，记有"抬梁下发现题字，始悉殿建于明神宗万历二十四年"。

至于殿宇现状，则多有惋惜之词："四井口柱间更贯以穿梁，梁上各以二瓜柱与抬梁联络。穿梁下皮，书有清雍正八年重修董事人及匠师及主僧姓名，当为重修时所增，而非万历原物……文昌帝身后二井口柱间以木板为屏，上以粉墨图绘龙云、牡丹之属，鄙俚粗率，尽出俗匠手也。"

关于殿之结构，则从梁架、斗栱、屋面、瓦石、装修等五项作了记述，各部分颇为详细。

形制特征的记述，则是"将旋螺殿结构与川中同时诸作及与清官式做法出入之处，择其要者列举三点"，即从梁架、斗栱、藻井三点加以比较。关于梁架，"此种以抬梁支柱方法较之用层层爬梁叠砌而上，实为精简。"关于斗栱，"旋螺殿斗栱与清官式做法相去殊远，最主要者清官式除角科外根本无斜翘之制……而旋螺殿斗栱里外末跳均无厢栱，外侧第一跳上仅有万栱而无瓜栱，与宋式之单栱造相同，内第一跳上则仅有三福云或单材瓜栱，而无万栱、蚂蚱头撑头木等，又付阙如。"并对其第一层入口处平身斗栱之升、斗、栱、翘比例大小列出简表，以与宋清官式比较。

该文对藻井评价为："实为结构上最吸引人之部分，乍观作网目状，殊类如意斗栱，细析之不过因右侧所出斜翘及角科后尾层叠向上，左侧者则刻为昂形，止于上跳耳。因其八面之顶统系向右侧转上，状如旋螺，或殿之得名即由此也……其他较为优异之处，厥为斗栱后尾及荷叶橔等之花纹雕饰剞刻不俗，且能不囿陈规，至瓦作之垂兽走兽等，状为奇怪，惟异则异矣，而优则未也，故不备述。"

此文后附平面图、立面图、藻井仰视、斗栱等图 7 幅。

66　宜宾旧州坝白塔宋墓

1944 年 10 月／第七卷第一期／莫宗江

1943 年，莫宗江、卢绳测绘了宜宾旧州坝白塔。

白塔位于戎州故城（四川宜宾城西北五里、岷江北岸旧州坝西南）半里左右的岸上。塔西一明碑记有"重修白塔"，塔北不远处有古墓。此文记述了白塔、塔西明碑、塔北古墓的测绘所得。

关于塔的形制，作者认为与西安荐福寺小雁塔相似。文中对檐部砌法、塔内题记、藻井、壁画、砖及砖铭等作了描述。

对塔西之碑的介绍，主要集中于对其年代的考证。通过对《重修白塔碑记》、《四川通志》、《叙州府志》、墓志、砖铭等相互印证，认为其"竣工于崇宁到大观三年之数年中；为北宋末期遗物"。

此文对宋墓平面、结构及内部雕饰、建造年代等作了记述。关于墓之内部，文中记有"形如木构厅堂，雕刻题材全取自木制而缩之，令人有宕丽之错觉"。关于建造年代，文中记有"墓中所雕饰之梁、枋、驼峰等以至卷草花饰，其手法已具唐代所无，而宋以后又多不复使用之形式"，于是"故自比较中可断为宋物"。

"白塔"部分附图 10 幅，后 5 幅为各层藻井仰视图。

"宋墓"部分有墓室透视、平面、纵断面、横断面、藻井仰视各图。

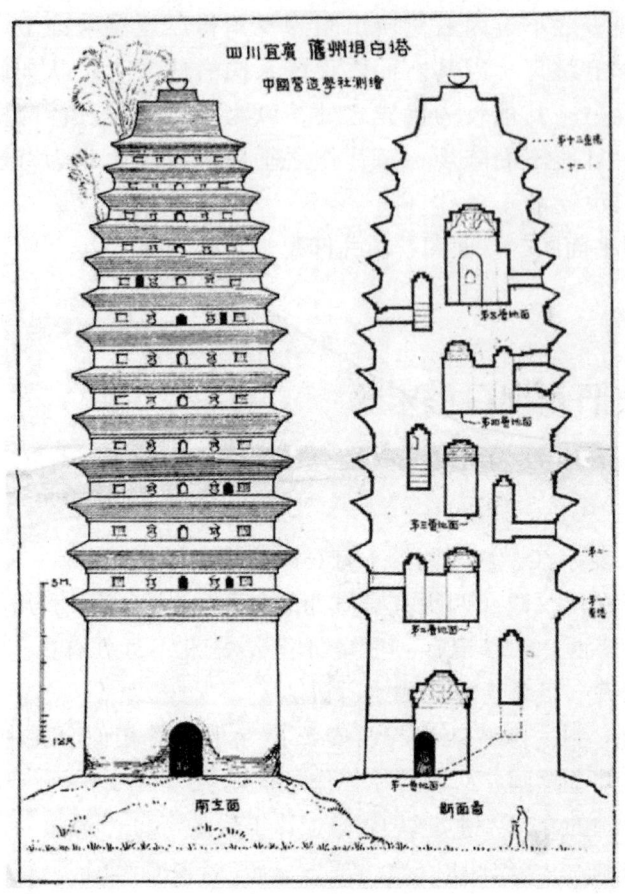

宜宾旧州坝白塔

67　四川南溪李庄宋墓

1944年10月/第七卷第一期/王世襄

　　王世襄先生1938年毕业于燕京大学国文系，获学士学位。1941年毕业于该校研究院，获硕士学位，同年冬赴四川宜宾李庄任中国营造学社助理研究员。1944年王世襄先生等测绘了李庄宋墓。

　　关于李庄宋墓的价值，作者有云："若言此墓在建筑及艺术上之价值，厥在结构及雕饰两端。"

结构方面，从正门、中室、后龛、隧道加记述。雕饰方面，从门、龛下层台及两侧立颊之雕饰、月梁、仿木建筑之雕刻加以记述。

其中门之雕饰部分，作者有云："门蔽半身之妇人，为全墓最易引人注意之点……其形制与宜宾旧州坝宋墓所见者，颇多似处，可见为当时极普遍之装饰。"此妇人启门装饰题材，引起后人诸多关注与研究。

68 云南之塔幢

1945年10月/第七卷第二期/刘敦桢

全文分云南塔幢建筑综说、实地调查塔幢纪录两部分。

"综说"部分从历史上的版图变化、宗教传入对云南边陲文化与汉文化融合的成因进行分析，以致对建筑形制的影响。以南诏国以来佛塔、经幢遗迹与中原建筑形制进行比较，得其异同："顾此式之塔，自金大定间所建洛阳白马寺塔以后，中原诸省，久已绝迹，而云南自南诏大理迄于今日，千数百年，薪火相传，连绵不绝，令人惊其影响之深与其流传之久，远逾中国本土。""今观塔之形制结构，与雕饰华纹，知自我国（中原）输入而非传自印度或西藏也。"

"实地调查"部分，则按塔、幢型类，分为方塔及八角塔、金刚宝座式塔、喇嘛塔、经幢四种。每种之中，则按建筑年代先后进行记录。

"方塔及八角塔"调查记录有大理县佛图寺塔、崇圣寺千寻塔及双塔、宏圣寺塔，昆明县妙湛寺砖塔、大德寺双塔、慧光寺塔，凤仪县飞来寺双塔，昆明市常乐寺塔。

"金刚宝座式塔"调查记录有昆明市❶妙湛寺金刚宝座式塔。

"喇嘛式塔"调查记录有昆明县节竹寺元墓塔。

"经幢"调查记录有昆明市地藏庵经幢。

全文附图25幅。

---

❶ 原文第二十三图有"昆明县妙湛寺金刚宝座塔"图名。1276年赛典赤主滇；置昆明县。1953年，昆明县建制撤销。

69　成都清真寺

1945年10月/第七卷第二期/刘致平

此文题目全称为"成都清真寺并论战后建筑一原则"。以"建筑说明、建筑年代、推论战后新中国建筑设计一原则"三部分加以记述。

成都清真寺有十几所。1941年5月，作者参观了大小不同的寺院三所。"这三所全是清代修造的，用料及做法也全很相像，只是房间多寡及工作精粗互有不同。其中制度守备、工作精丽的，要数鼓楼南街清真寺。"

"建筑说明"部分详述了南街清真寺布局及结构特点。关于寺的结构，作者写道："做法全是当地清式所常用的，不但没有西方回教的手法，就是北方清代作风也未见用。"关于邦克楼，后有附注，为教长伯英的函复，当为正源，颇可采信。

"建筑年代"部分对礼拜殿始建、重建年代进行了考证。

"推论战后新中国建筑设计一原则"，是指作者想由讨论清真寺的形制构成上，获得一个原则来供建筑同仁参考。文中提到外国宗教建筑到中国后的"华化"问题，认为"华化"是必然的，理由有二：一是建筑式样是由环境造成的，二是建筑不同的形态好比不同的语言文字一样。"根据这两点理由再加上上述的史实，我们知道外来的建筑虽然挟有宗教力量，也难免华化。"挟有宗教力量的建筑必将华化，其他又当如何？

文末作者引用李笠翁《闲情偶集·居室器玩部》诸语："……常谓人之葺居洽宅与读书作文同一致也……上之不能自出手眼如标新创异之文人，下之至不能换尾移头学套腐为新之笔，尚嚣嚣❶以鸣得意，何其自处之卑哉……"以为建筑同仁之座右铭。

文末尚有补记，补记时间注明为"日本投降之次日"，特意加框不难让人揣度其当时之心情。

---

❶　嚣嚣（xiāo xiāo），傲慢的样子。

70　山西榆次永寿寺雨花宫

1945年10月／第七卷第二期／莫宗江

此文分四部分。

第一部分简述了实测的过程和研究结论。此文在雨花宫实测图录的基础上，主要介绍了其本身的结构。寺同其他次要部分以及寺的史实方面，因记录不足，仅只附带提到。其中提到，雨花宫在已知的遗例中，仍是一个结构简洁的重要例证。

第二部分是关于雨花宫的结构："屋檐下的斗栱，在檐柱头上的'柱头铺作'，做法异常简洁。用'偷心制'持挑出撩檐槫，在栱头和斗上有圆熟柔和的曲线……在柱头和转角铺作之间的'补间铺作'，用的是最简略的配合法……"

"廊内的构架是这座建筑最精美的部分。所使用的每根材木可说都有它结构上的意义。"

"这廊内部在结构上最成功的一点是省略掉不必要的构材，这点也可说是雨花宫的最大特征。从斗栱使用极度的'偷心制'和补间铺作最简略的做法可以看到。"

第三部分是关于雨花宫的文献、史料考证。

第四部分是对照《营造法式》进行的差异比较。

71　汉武梁祠建筑原形考

1945年10月／第七卷第二期／费慰梅著，王世襄译

从此文第一段中，作者大致表达了以下几点：

（1）武氏为后汉显宦，墓地祠堂在山东省西南部；

（2）墓地祠堂墙壁由石块垒成，上有雕刻；

（3）雕刻年代约在公元2世纪；

（4）11世纪时，其中一祠三壁尚在，有"武梁祠"之称（梁者，武氏族人名），后倾圮；

（5）1786年，学者黄易发掘石室，有雕刻花纹的四十余石始为人知；

（6）此时，"武梁祠"渐扩为墓地统称，连出土的石块也含混包括在内；

（7）石块约略分散成为三组；

（8）"武梁祠"石刻是传世的几组汉代雕刻遗物中最著名的一种。

作者随后指出后人对石刻的研究情形及研究中忽略的显著问题，如：何为"武梁祠"？墓地的原状若何？现在杂处的石块当初在建筑上的配置若何？各种画刻彼此的关系若何？

作者欲意将石室复原，并将复原工作详加陈述，成为此文的主体部分。分为复原方法、武梁祠、孝堂山（郭巨）祠、三角形石、前祠、左祠、柱头和石柱、其他在建筑上有意义的石块、未经复原工作采用的石块九部分。

在陈述复原工作前，作者先介绍了关于石室及其所在地的已知事实，并对容易误解的几点及其他有关问题，加以纠正和解答。分为祠堂、武氏墓地今况、武氏家族、武梁祠、祠堂的数目问题、传统的分法六部分。

文后有编者后记，或可从另一个侧面了解作者的研究工作及其意义，兹抄录于下：

The Offering Shrines of "Wu Liang Tz'u" 一文作者费慰梅女士（Wilma Fairbank，即哈佛大学教授费正清之夫人）本是专攻壁画的画家，在北平居住多年，对中国汉代画刻发生极大兴趣。最初她对汉画中表现人物、车马、走兽之线条画法开始注意，故特创枯墨填补之法，将拓片中石刻漫砌部分描足黑色，使主要之刻纹即阴文之线条得以显出，以供研究汉代画法作风者之参考。过后她渐对汉刻石之凌乱情形感到不满，于武氏各"石室"汉刻全部布置及本来在图案上的秩序，尤感好奇。为此她曾特意旅行到山东嘉祥县，参观武氏墓址当地情形，希望能在遗址的实物上获得启示。当时她已疑心复原画石间之相互关系及原来位置，必会牵涉到建筑方面。回到美国后数年间她仍然不断追求画石位置之解答。最后她成功了这篇文中所述复原工作之尝试。

我们研究建筑者对她这里所拟三座复原石祠之艰苦谨慎的工作，不但钦佩而且感到极大兴趣。因这种石祠现存者惟有孝堂山（郭巨）一祠，此祠的单柱双楹之结构，向称孤例。现在有了这三祠供我们参考，这种石祠乃成为一种建筑型类问题，无疑的，更增加了我们研究的意义和价值。

72 乾道辛卯墓

1945年10月/第七卷第二期/刘致平

此文写于1945年5月。文字篇幅不大,仅三四页,并附图8幅。

开篇写道:"墓在西川李庄之南里许琴庄之右。民廿九年冬数文化机构如中央研究院、中央博物院、同济大学、中国营造学社等由昆迁李,一时往返者颇众。彼时墓已残破,仅余二面。令春余又往访,见墓石依旧,遂又补测一番。归返制图数帧,并附数语以备暇中漫忆旧游也。"

至于其价值,则有:"今遍观现存诸墓,其内部雕制确少相同者。其不同之图案亦正为建筑内部装饰设计之绝妙参考资料。"

墓石全景

第四类　文物建筑与保护

篇　目

73	日本古建筑物之保护	第三卷第二期
74	故宫文渊阁楼面修理计划	第三卷第四期
75	杭州六和塔复原状计划	第五卷第三期
76	曲阜孔庙之建筑及其修葺计划	第六卷第一期

73　日本古建筑物之保护

1932年6月/第三卷第二期/论著/关野贞著，吴鲁强译

　　关野贞（1868~1935），日本建筑史家，东京大学教授。1910年始，屡次进行朝鲜半岛和中国的古建筑调查，并致力于保护。1920~1928年，和家常盘大定以重要佛教寺院为目标，在中国做了五次长期调查，注意到了古建筑自身的发展。❶

　　此文将日本古建筑的特征、古建筑保护的背景、历史、观念、保护法令、修葺原则、程序、经费、方法及法隆寺设备水道工事案例一一做了介绍，其古建筑保护的经验和成就，对当时处于古建筑保护起步阶段的中国，是绝好的参考资料，可起到重要的借鉴作用。❷

日本法隆寺五重塔消防试验

---

❶　宿白. 中国古建筑考古[M]. 北京：文物出版社，2009：8.
❷　林薇.《中国营造学社汇刊》的学术轨迹与图景[J]. 建筑学报，2010（1）：73.

各部分内容如下：
（1）日本建筑之特征及古代建筑物保存之状况；
（2）神社佛寺保护法令；
（3）国家宝物保护法令；
（4）根据新法令受保护或已被认为国家纪念品的建筑物；
（5）纪念建筑物的时代观；
（6）纪念建筑物之修葺；
（7）修葺的原则；
（8）保护下建筑物之登记；
（9）纪念建筑物的比例尺度图；
（10）纪念建筑物之影片；
（11）壁画及装饰图案之影印；
（12）灾变之防御。

74　故宫文渊阁楼面修理计划

1932年12月／第三卷第四期／杂俎／蔡方荫、刘敦桢、梁思成

在进行北京故宫文渊阁楼面修理计划之前，学社曾派员会同相关机构修缮故宫角楼，此为学社参与的第一次古建筑修缮工作。

1932年10月，学社得告故宫文渊阁楼面凹陷，需加以检查以便修理。社长朱启钤偕刘敦桢、梁思成前往勘察，得外部观察结果。后又拆卸楼板、检查柁梁楞木，从楼板、龙骨、大柁、书架❶实况加以记录，对结果进行验算，从而制订出修理办法，提出修理计划。

此文后言"将来如经采纳，则施工之经过及结果，当在本刊继续发表"，但《汇刊》以后各期未见相关内容。

---

❶ 文渊阁，系仿宁波天一阁制度所建。存宣纸抄本《四库全书》，至勘察时，书已全部取下。

北京故宫文渊阁

75 杭州六和塔复原状计划

1935年3月/第五卷第三期/梁思成

民国二十三年十月，梁思成先生应浙江省建设厅厅长曾养甫先生之约，到杭州商讨开化寺六和塔重修计划。

梁思成先生写道："在杭州小住十日，在开化寺观摩多次的结果，觉得六和塔的现状，实在是名塔莫大的委曲；使塔而有知，能不自惭形秽？且钱江铁桥，北岸桥头就在塔下里许，将来❶过江来杭的旅客，到这岸所得第一个印象，就是这塔，其关系杭州风景古迹至为重要。所以我以为不修六和塔则已，若修则必须恢复塔初建时的原状，方对得住这钱塘江上的名迹。曾先生对于我的建议很赞同。"

梁先生返回北平之后，收集材料，形成了恢复原状的重修计划。

---

❶ 钱江铁桥开建于1934年，1937年建成。

六和塔当时原状　　　　　六和塔复原状图（原图为彩色）

六和塔内部斗栱

全文包括以下部分内容：
(1) 略史；
(2) 现状；
(3) 原判之推测；
(4) 施工概略。

76 曲阜孔庙之建筑及其修葺计划

1935年9月/第六卷第一期/曲阜孔庙专号/梁思成

第六卷第一期为曲阜孔庙专刊。

孔庙，由最初私人三间的居室，在两千年长久的期间，成为国家修建、帝王瞻拜的三百余间大庙宇；每次重要的修葺，差不多都有可考的记录。

1935年2月，梁思成等奉教育部、内政部两部命令，到曲阜勘察圣庙修葺工程。至3月初，测绘、摄影完毕，将材料带回北平工作。至7月，拟就修葺计划，并作工料预估，呈请政府审核。

"绪言"中谈到此次重修与历代的不同、工作方法及考证的收获：

在设计人的立脚点上看，我们今日所处的地位，与二千年以来每次重修时匠师所处地位，有一个根本不同之点。以往的重修，其惟一的目标，在将已破敝的庙庭，恢复为富丽堂皇、工坚料实的殿宇，若能拆去旧屋，另建新殿，在当时更是颂为无上的功业或美德。但是今天我们的工作却不同了，我们须对于各个时代之古建筑，负保存或恢复原状的责任。在设计以前须知道这座建筑物的年代，须知这年代间建筑物的特征；对于这建筑物，如见其有损毁处，须知其原因及其补救方法；须尽我们的理智，应用到这座建筑物本身上去，以求现存构物寿命最大限度的延长，不能像古人拆旧建新，于是这问题也就复杂多了。所以在设计上，我以为根本的要点，在将今日我们所有对于力学及新材料的智识，尽量的用来，补救孔庙现存建筑在结构上的缺点，而同时在外表上，我们要极力的维持或恢复现存各殿宇建筑初时的形制。所以在结构上，徒然将前人的错误（例如太肥太偏的额枋，其原尺寸根本不足以承许多补间斗栱之重量者），照样的再袭做一次，是我这计划中所不做的；在露明的部分，改用极不同的材料（例如用小方块洋灰砖以代大方砖铺地），以致使参诣孔庙的人，得着与原用材料所给予极不同的印象者，也是我所需极力避免的。但在不露明的地方，凡有需要之处，必尽量的用新方法新材料，如钢梁、螺丝销❶子、防腐剂、隔潮油毡、洋灰铁筋等等，以补救旧材料古方法之不足；但是我们非万万不得已，绝不让这些东西改换了各殿宇原来的

---

❶ 原文为"捎"。

外形。

　　我本来没有预备将孔庙建筑作历史的研究，但是在设计修葺计划的工作中，为要知道各殿宇的年代，以便恢复其原形，搜集了不少的材料，竟能差不多把每座殿宇的年代都考察了出来。我觉得这一处伟大的庙庭，除去其为伟大人格的圣地，值得我们景仰纪念外，单由历史演变的立场上看，以一座私人的住宅，二千余年间，从未间断的在政府的崇拜及保护下；无论朝代如何替易，这庙庭的尊严神圣却永远未受过损害；即使偶有破坏，不久亦即修复。在建筑的方面看，由三间的居堂，至宋代已长到三百余间，世代修葺，从未懈弛；其规模制度，与帝王相埒❶。在这两点上，这曲阜孔庙恐怕是人类文化史中惟一的一处建筑物，所以我认为它有特别值得我们研究的价值。

　　本文中建筑物各个的研究法，是由结构及历史两方面着眼，以《法式》与文献相对照，以定其年代。这样考证的结果，在这一大群年代不同的建筑物中，竟找着金代碑亭两座，元代碑亭两座，元代门三座，明代遗构，更有多处可数；至于清代的殿宇，亦因各个时代而异其形制。由建筑结构的沿革上看，实在是一群有趣且难得的例子。

曲阜孔庙大成殿

全文包括以下部分内容：
绪言

---

❶　埒（liè），等同。

上篇　孔庙建筑之研究

第一章　孔庙建筑史略
第二章　孔庙建筑物之各个研究

一、总平面

二、庙前诸坊

三、圣时门

四、仰高门　快睹门

五、弘道门及碧水桥

六、大中门

七、角楼

八、同文门

九、驻跸

十、奎文阁并掖门及值房

十一、毓粹门　观德门

十二、碑亭

十三、大成门

十四、杏坛

十五、大成殿

十六、大成殿寝殿

十七、金声门　玉振门　东西庑　寝殿左右掖门

十八、圣迹殿

十九、承圣门　启圣门

金声玉振坊

二十、诗礼堂　礼器库　鲁壁　碑亭

二十一、崇圣祠　家庙

二十二、金丝堂　乐器库

二十三、启圣殿　寝殿

二十四、神庖　神厨

二十五、后土祠　燎所

二十六、孔子故宅

第三章　曲阜孔庙建筑年谱

下篇　重修计划

第四章　通常破坏情形——其原因及修补原则

一、梁

二、柱身倾斜

三、桁椽及飞椽之朽坏

四、斗栱外倾

五、额枋弯下

六、承椽枋弯拧

七、斗栱毁坏

八、角梁毁坏

九、砖墙倾斜

十、阶基或月台倾斜

十一、踏道走动

十二、石栏杆走动

阙里坊

十三、屋盖渗漏

十四、砖墩门过木弯朽

十五、地面砖裂

十六、油漆彩画

十七、装修

十八、拉扯

第五章　各殿宇修葺概要表

一、大成殿

二、奎文阁

三、棂星门

四、圣时门

五、仰高门　快睹门

六、碧水桥

七、弘道门

八、弘道门东西掖门

九、大中门

十、大中门东西掖门

奎文阁

125

十一、东南角楼

十二、同文门

十三、驻跸

十四、院墙

十五、奎文阁东西掖门

十六、观德门 毓粹门

十七、碑亭 捌 玖 拾 拾壹

十八、碑亭 壹 柒 拾贰 拾叁

十九、大成门

二十、金声门（玉振门及寝殿东西掖门同）

二十一、东庑

二十二、杏坛

二十三、寝殿后院门

二十四、圣迹殿

二十五、圣迹殿院门

二十六、圣迹殿院墙

二十七、燎所

碑亭拾壹斗栱后尾

二十八、启圣门
二十九、启圣殿东西碑廊
三十、金丝堂
三十一、乐器库
三十二、启圣殿前三座门
三十三、启圣殿
三十四、启圣殿寝殿
三十五、承圣门
三十六、诗礼堂
三十七、礼器库
三十八、诗礼堂后影壁（即鲁壁）
三十九、孔宅故井
四十、井志碑亭
四十一、崇圣祠前三座门
四十二、崇圣祠
四十三、家庙前三座门（与崇圣祠前三座门同）

杏坛

四十四、家庙
　　四十五、孔子故宅门
　　四十六、孔子故宅门赞碑　碑亭
　　四十七、后土祠
　　四十八、神庖北房
　　四十九、神庖东房
　　五十、神庖西房
　　五十一、神庖院门
　　五十二、神厨北房
　　五十三、神厨东房
　　五十四、神厨西房
第六章　施工说明书
　　第一节　拆旧
　　第二节　木工
　　第三节　屋顶
　　第四节　砖作
　　第五节　石作
　　第六节　铁工
　　第七节　油漆
　　第八节　彩画
　　第九节　钢骨水泥

启圣门

第七章　孔庙以外工程
　　第一节　颜庙
　　第二节　孔林
　　第三节　其他
附录
　　一、大成门前碑亭各碑年代及撰书人名表
　　二、明弘治十七年尺与公尺比较表
　　三、曲阜孔子庙林修葺费概算
插图索引❶

颜庙杞国公殿寝殿

---

❶　原文为："索隐"。

第五类　图样与料例及工程做法

篇　目

77	建筑中国式宫殿之则例	第一卷第二册
78	建筑中国式宫殿之则例（英文版）	第二卷第三册
79	乾隆御题生春诗图	第二卷第一册
80	营造算例	（载于多卷）
81	牌楼算例	第四卷第一期
82	仿建热河普陀宗乘寺诵经亭记	第二卷第二册
83	清官式石桥做法	第五卷第四期
84	清官式石闸及石涵洞做法	第六卷第二期
85	《建筑设计参考图集》叙	第六卷第二期
86	《建筑设计参考图集》简说	第六卷第二期
87	中国营造学社桂辛奖学金民国三十三年度中选图案	第七卷第二期

77 建筑中国式宫殿之则例

1930年12月/第一卷第二册/译业/译自美国《亚东社会》月刊

在《汇刊》第一卷中，不乏国外学者的研究成果，如《英叶慈博士营造法式之评论》、《英叶慈博士论中国建筑》、《叶慈博士据永乐大典本法式图样与仿宋刊本互校记》和《伊东忠太博士讲演支那之建筑》。此文为国外学者的又一成果。可见，学社于建社之初，便将研究视角放眼于国际。

兹抄录该文前部如下：

建筑中国式宫殿之则例
一七二七至一七五○年（译自美国亚东社会月刊）

关于本题，劳福尔博士（Dr. Berthod Laufer）曾于一九一零年在北京购得一手写本，旋即赠与国会图书馆（Library of Congress），此书在该馆系列在亚东中国乙字一八二，二五号。原书为中国装，计四函：每函十卷；每卷平均约七十五页。

第一函卷首书有中文题目"圆明园大木作制造之定例"。圆明园者，北京附近之清帝行宫也。吾人可知此题目系录自第一卷第一页，并非此四十卷中十卷以上之目录。在第一函上有用铅笔书写之题目"圆明园之则例"，此数字或系劳博士亲笔，盖亦即渠对于此书之定名也；此题似与本书内容相近。惟此书既无序文，更无目录或索引，余只得每卷阅毕之后，将本文定名曰"建筑中国式宫殿之则例 一七二七至一七五○年"。若将原书每卷之目录及内容翻阅一遍，即可知此题并无错误之点，因关于他种建筑（如热河行宫、香山万寿山等处）并木、石、砖瓦、纸、金等材料，以及匠人如何利用此种材料以造屋宇，此书均有详细之说明也。

书中有数处提及政府机关所定之规则，但机关之名称不详，窃思或系"工部"。惟书中所论各种建筑，均在内务府管辖范围以内。因之此书或系历代建筑则例之记载，而各种则例不过因当时之需要而定，并非有所根据也。

此四十卷中共有十处记载时代：或为则例订定之年；或为帐目结算之年。

其最早日期为一七二五年之物价表，是年适为雍正二年。但此表只有日期与号码可以参考，并无引证。书中所载第一表日期为雍正四年，即西历一七二七年。最后日期为乾隆十二年，亦即一七四七年至一七五零或一七五一年之间，始有万寿山与颐和园之名称，盖是时方辟该园庆祝皇太后六旬万寿也。综观以上，可知此书所包含之年代为一七二七至一七五零年之间，至于各种表册所载者，不免稍有出入焉。

书之套，为厚纸板作成，上覆以绣有冰地梅花之锦缎。惟此书套已霉烂不堪，裂成碎块，故以红毛绳系之。

书之纸，因年久变成黄色，以书脑露出之部分为尤甚。在若干年前，此书曾重新装订，因原来之纸多已残破，遂衬以洋纸，惟洋纸较原来之纸面积稍大耳。书本既大，于是更换新套以装之，每卷之上，覆以黄纸，系以丝绳。卷之数目，系于书之底面沿里边，用中文写明，此或是在重新装订时所写者。

第八卷论器具之制法。此卷既无数目，亦无序文。且与第七卷又不能连接，或系卷数次序错误。余知三十一卷至四十卷确在第二函内，十一至二十卷确在第四函内，故即如此收检之。

窃思此手写之书，决非赝本，无论书之内容外表并无假造痕迹，即以劳博士所付之代价而论，亦决不值聪明人之作伪也。

此书之字迹，异常清晰，颇似高等钞胥之手笔。因时期之不同，故笔迹亦遂差异，非一人所写，则更可知。书中错误之点，在所不免，最明显者如第一页中"寸"字，实为"丈"字之误，此种谬点，余迻❶译时已更正矣。

余阅此书时最感困难者，即关于各种专门名词以及石匠、圬❷者、雕刻师等之行话不易明了。不但如此，更有简写之字，考之郭德瑞（Goodrich）、翟尔斯（Giles）、威廉（Williams）诸氏大辞典，亦不详载。虽承中国学生之指教，得知不少，但有时遇特别之字，彼等亦不易了解也。

在目录说明之下，余利用引证符号以便直接翻译；同时附以余个人之句解，以括号别之。"Foot"一字，即由中国"尺"字译出者，亦即十四又十分之一英寸。但有时他种尺寸，如不足十分之九英寸者亦有之。中国权衡轻重之制度为斤，一斤等于一又三分之一磅，以十六除之，即为十六两。货物之价值，以两为单位（简称为T），数目之大小，根据两以十进制为进退。两者，代表银之价值也。银之值与金之值涨落无定，平均计算，银一两约值美

---

❶ 迻（yí），同"移"。

❷ 圬（wū），圬工为瓦工旧称。

国金钱七角。

若将本书之则例逐卷解释，更将各种专门之字精细研讨，或不致索然无味，故特详述于后焉。

第一卷第一页题目为"圆明园大木作之则例"（Yüan Ming Yüan Regulations for work on the large timbers）。此题内容为各种木料之容积及匠人工作之统计表，兹分别举例明之。屋檐柱（Eaves pillars）之长为十二又十分之五英尺至十又十分之五英尺，宽为一至一又十分之一英尺；每柱一匠人须费一日半方能制成。若长为十又十分之五英尺至八又十分之五英尺，宽为十分之九英尺，则每柱每人须费一日。若长为十又十分之五至八又十分之五英尺，则一匠人费一日半之光阴，即可成二柱矣。

以下为其他各种名目不同之楹柱，及其容积。有为金柱，有为方柱，有为金塔柱。至于柱之高，约十七英尺。此外关于木之名称、制造桥梁、水闸、旗杆，并房屋各部分、所用之木板面积形式，以及度量之方法，每柱匠人须费之时间，均于第一卷至第四卷中备载之（上述各种木柱非皆为大木）。

……

78 建筑中国式宫殿之则例

1931年4月／第二卷第三册／追加／Carroll B. Malone

此文为上文的英文原文，兹抄录原文数段如下：

Current Regulations for Building and Furnishing Chinese Imperial Palaces, 1727–1750

Carroll B. Malone, Miami University

(From Journal of The American Oriental Society)

An old manuscript on the above subject was bought in Peking in 1910 by Dr. Berthold Laufer and presented by him to the Library of Congress. There it is classified under Orientalia, Chinese, B. 182. 25. It is bound in Chinese fashion in 40 small volumes, these being grouped into 4 *t'ao* (covers), ten volumes to each *t'ao*. The volumes average about 75 pages each.

The title written in Chinese on the cover of the first *t'ao* means "Fixed Regulations for making the large timbers of the Yüan Ming Yüan", the Yüan Ming Yüan being the country palace of the Manchu emperors near Peking. This title, evidently taken from the first page of the first volume, does not represent the contents of more than 10 volumes of the 40, namely, volumes 1–4 and 26–31. A title written in pencil on the outside of the first *t'ao*, possibly by Dr. Laufer's own hand, is the name given by him to the set and means simply "Regulations for the Yüan Ming Yüan". This comes a good deal nearer to fitting the actual contents. It is only after a study of each of the volumes in the set—for there is no preface, no table or contents, and no index—that I venture to call these 40 volumes by the title, "Current Regulations for Building and Furnishing Chinese Imperial Palaces, 1727–1750". A study of the contents and nature of these volumes as given below will, I believe, show that this title is justified, for many other kinds of building supplies, large and small timber, stone, brick, tiles, paper, metals, and many kinds of work on all these materials by various craftsmen, skilled and unskilled laborers are dealt with; and regulations not only for the Ming Yüan, but also for other palaces, as those at Jehol, Wan Shou Shan, and Hsiang Shan, and temples inside and outside of these palace grounds, as the Yung Ho Kung, the Lama Temple in Peking, are here recorded.

In some places the rules of "the government board" are quoted, without naming which board. It would seem likely that the Kung Pu, the Board of Works is meant. But the building operations here provided for seem to be those which would come within the scope of the Nei Wu Fu, the Imperial Household Department, and it is likely that this set of books was the current record of various regulations set down from time to time as occasion required without any attempt at codification.

......

79 乾隆御题生春诗图

1931年4月/第二卷第一册/图样

乾隆御题生春诗图

图上有"乾隆御题生春诗图"字样。

图下有"百六三年前北京宫苑城市之鸟瞰"字样。

80 营造算例

1931 年 4 月/第二卷第一册
1931 年 9 月/第二卷第二册
1931 年 11 月/第二卷第三册

《营造算例》是对《清工部工程做法则例》以外料估师匠传习的手钞小册的总称。学社当时陆续发现这些秘传手钞小册，于是加以汇集，分别刊行于第二卷的三期中。

"营造算例印行缘起"第一段对这些秘传手钞小册的来历与作用、与《清工部工程做法则例》的区别等进行了描述。

据"营造算例印行缘起"所言，这些小册子并无起讫，无总目，不分先后。刊行时以各"作"为单位，并不强定次序。

各期所载内容如下：

第二卷第一册：《营造算例》印行缘起；歇山庑殿斗科大木大式做法；大木小式做法；大木杂式做法。

第二卷第二册：土作做法；发券做法；瓦作做法；大式瓦作做法；石作做法；石作分法。

第二卷第三册：发券做法；桥座分法；琉璃瓦料做法。

兹抄录"大木小式做法"数段于此，以窥其貌：

先定面阔进深，金步按廊步八扣，如廊步深五尺，金步深四尺，其廊步按柱径五分定，是廊深，又法其进深，并廊深步架酌量算定之。

檐柱，定高按面阔一丈，得高八尺，径七寸，外榫长五寸。

金柱定高，按檐柱高一分，廊深步架，举高一分，其举高按廊深一尺，举高五寸，径按檐柱径加一寸，外榫长同上。

"歇山庑殿斗科大木大式做法"末尾有"拉扯歌"，抄录如下：

人之四角枋子随	明缝枋子丁字倍	葫芦套在山瓜柱	相拉金枋不用揆
一字檐金脊枋用	抱头单拐自行为	若缝过河君须记	落金泥并抱头推
更有桁条易得定	平面拉扯按缝追	两卷搭头及随倍	十字拉之不用颊
惟有直板言何处	三卷搭头梁上飞	若问三岔并五岔	拉定斗科另栽培

81 牌楼算例

1933年7月/第四卷第一期/论著/刘敦桢编订

此文前部为刘敦桢"绪言",对各地牌楼之制详加记述。末尾写道:

本篇所收牌楼底本,计石作、琉璃作各一,木作三,内容虽略有出入,大体尚能符合。惟顺序凌乱,讹讹盈目,且所用术语,非今日全国读者所能通晓。因依工作先后,重行标题排比,其辞意隐晦及文理欠妥处,以数本互校,絜长补短,略加删改。第分件名目与法式比例,前后矛盾错乱,稽之典籍,询诸匠工,仍不能定其甲乙者,于原文下附按语小注,俾引起阅者之注意。附录诸图,除极少数取自外籍,及旧式彩画工所绘者外,余皆梁思成、邵力工二先生所摄,而邵君用力尤勤,合并志谢。民国二十二年春刘敦桢记。

垂花门式牌楼

北平东长安街牌楼（庑殿顶）

此文正文包括以下部分内容：

第一　木牌楼

　四柱七楼大木分法

　四柱九楼大木分法

　附：冲天式四柱三楼云罐分法

　附：圆明园清净地牌楼如意斗栱料例功限

　附：牌楼搭材作料例功限

第二　石牌楼

　三间四柱火焰牌坊分法

　五间六柱十一楼牌楼分法

第三　琉璃牌楼

　三间四柱七楼琉璃牌楼

82　仿建热河普陀宗乘寺诵经亭记

1931年9月/第二卷第二期/专著/王世堉

1928年前后，赫定氏❶ "以移建保存之说，质之美商边狄克……愿出资修缮北平雍和宫，即以热河诸寺之一，拆运出洋装设为酬赠"。"究以阅时既久，卯榫朽蚀，终所不免，拆后恐难再装，远涉重洋，运费亦且过巨，乃改为仿建计划。"

"与梁君偕二来者，有测绘员及画工等，穷旬日之力，量度拍照，其天花、斗栱、各项彩画、佛像，并逐一写成稿本，范围既得，乃遄返北平，商订承造合同焉。"

此记中有述，仿建我国寺院，既属创举，无先例可循。合同所定，极为松动。文后附有合同（附英文原文）、蓝图目录、做法、承造及各作领袖人之略历。合同于1930年7月31日订立，订立人为赫定、梁卫华。

仿建之木型

---

❶ 斯文·赫定（Sven Andera Hedin，1865~1952），瑞典地质学博士，以中国学术团体协会西北科学考察团外国团长身份，兼中国地质调查所事，往来蒙古、新疆伊犁等处40年，通蒙语、藏语，对西北一带风土人情尤熟。游热河之避暑山庄，遍阅各寺，叹其雄丽，不减蒙、藏所见。

仿建热河普陀宗乘寺诵经亭工程图：半面正面图

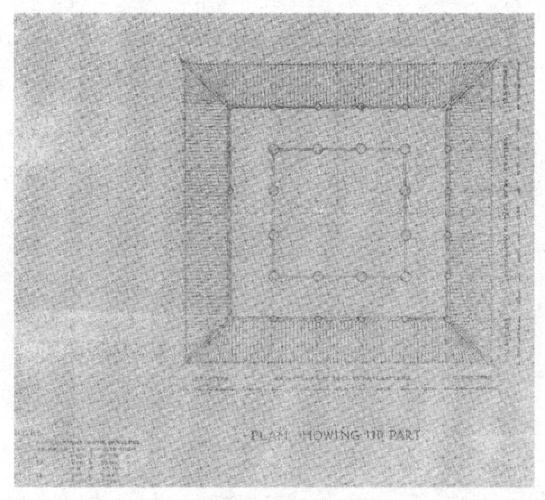

仿建热河普陀宗乘寺诵经亭工程图：上层平面图

83 清官式石桥做法

1935年6月/第五卷第四期/王璧文

作者在"弁言"中，述及此文成文过程及遇到的困难。作者有感于关于桥梁做法的参考文献较少，于是根据《营造算例》第九章桥座做法及《石桥分法》、《工程备要随录》等，互相参照，依其施工顺序，重新标题排比，形成此文。

清代桥梁做法，未著录《工部工程做法则例》一书，其偶见于档册、簿录、桥记、方志。与乎私家文集者，又皆寥寥数语，无俾工事。唯近岁坊间发现之匠工秘藏底册，所述较为详尽。是项底本，本社共收有数种：如已刊行之《营造算例》第九章桥座做法，及新购《石桥分法》、《工程备要随录》二书，类皆纪录官式桥梁做法之专著。顾其内容，胥以石造券桥为主，砖桥、木桥，悉付阙如，惟《工程备要随录》列举石平桥做法数则，为可贵。然是书挂一漏万，于桥之高、宽，与挦当桥面、押面、栏杆等，亦未论及。至于定义之淆混，术语之艰深，尤为诸书通弊，殆非今日读者所能通晓。迩来国内外究心我国旧式桥梁工程者，频相垂问质疑，本社亦感于此类孤本罗致之匪易，爰就前述三书，及清《崇陵工程做法》所示尺度，与国立北平图书馆，及北平中法大学图书馆所藏清代帝妃陵寝石桥图样多种，互相参照，依其施工顺序，重新标题排比，成"清官式石桥做法"一编。内分石作、瓦作、土作，及搭材作四章，章分券桥、平桥二种。

本书着手之始，最感困难者，即所据之书，或秩序凌乱，或同为一物，而词意各别，甚至强为分割，前后岐❶出，极感不便。兹依结构性质，一一为之剖析厘正。略举数例，以明真象……

全文包括以下部分内容：

弁　言

第一章　石作

　第一节　券桥

　　桥洞分配定例　桥长定法

---

❶ 原文如此，或为"歧"。

桥宽定法　桥高定法
　　　桥洞　金刚墙
　　　泊岸　装板
　　　装板牙子　券洞
　　　券石　撞券石
　　　仰天石　桥面
　　　牙子石　如意石
　　　栏杆
　第二节　平桥
　　　桥洞分配定例　桥长定法
　　　桥宽定法　桥高定法
　　　桥洞　金刚墙
　　　泊岸　装板
　　　装板牙子　押面
　　　桥面　挡当牙石
　　　如意石　栏杆
第二章　瓦作
　第一节　券桥
　　　背后砖与铺底砖
　第二节　平桥
　　　背后砖与铺底砖
第三章　土作
　第一节　券桥
　　　刨槽　灰土
　　　打桩
　第二节　平桥
　　　刨槽　灰土
　　　打桩
第四章　搭材作
　第一节　券桥
　　　材盘架子　券子
　第二节　平桥

材盘架子
附录
　桥座做法（原载《营造算例》）
　石桥分法
　石平桥做法（原载《工程备要随录》）

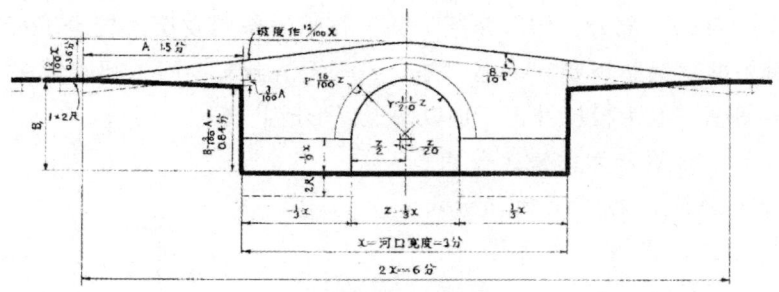

石券桥定分法：一孔桥

一孔石券桥

崇陵五孔石券桥

84 清官式石闸及石涵洞做法

1935年12月/第六卷第二期/王璧文

此文"总论"部分,作者介绍了关于石闸的作用及历来较少工程做法的文献。其根据《河防辑要》一书,并参照《大清会典·河工闸座做法》、《河防一览》等书,互为校比补正,加以解说,形成此文。

闸座为湖河蓄泄之关键,收束来源,分泄暴涨,功用至为伟大。惟其结构方法,因河道情形各殊,无一定不变之法则,而历来亦鲜有系统之纪录。迩者本社新购《河防辑要》一书,内载石闸做法数则,末附图解,最为珍贵。惟其中术语颇多费解,且附图尺度舛讹时出,读者苦之。爰以是书为主,参以《大清会典·河工闸座做法》各款,益之以《河防一览》、《安澜》、《廻澜纪要》、《黄河初学须知》、《海宁石塘图说》、《河工要义》、《南河》、《河东物料价值》诸书,及北平图书馆所藏河工图籍多种,互为校比补正,加以解说。兹编分为三章,第一章解释闸座与涵洞各部名称及做法,第二、第三两章,则分述其比例尺度,更重新绘图,刊于卷首,以供留心我国旧式水利工程者参考之助焉。

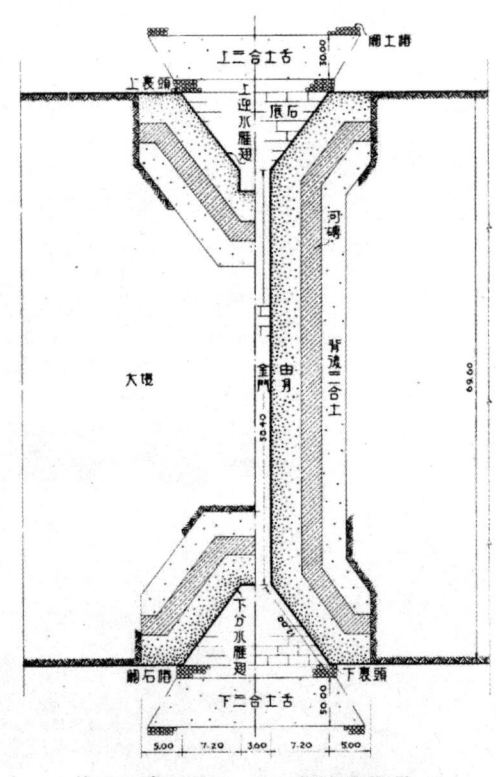

石涵洞部分名称图

青龙闸全景（二孔石闸）

全文包括以下部分内容：

第一章　总论
　第一节　石闸
　　甲　石工
　　乙　砖工
　　丙　土工
　　丁　桩工
　第二节　石涵洞
第二章　石闸之比例
　第一节　一孔石闸
　第二节　二孔石闸
　第三节　三孔石闸
第三章　石涵洞之比例
　第一节　一孔石涵洞
　第二节　二孔石涵洞
　第三节　三孔石涵洞
附表
　壹　石闸及石涵洞尺度比较表
　贰　石闸及石涵洞做法料例比较表
　叁　木桩尺度表

85　《建筑设计参考图集》叙

1935年12月/第六卷第二期/梁思成

　　此文述及自建筑之始，各时期、各地域、各艺术门派对于新与旧的建筑风格、观念、做法的取向，及其原因；述及中国建筑历各朝各代其基本的方法及原则始终一贯的现象，及西方建筑风格的嬗变与建筑师自觉意识的关系；西方对中国建筑的模仿与中国建筑对西方建筑的模仿，并对其评价；刊行《建筑设计参考图集》的意图及做法。

　　作者认为：中国创造新建筑，不宜再走外国人模仿中国式样的路；应该认真地研究了解中国建筑的构架、组织及各部做法权衡等。创造新的须要对于旧的有认识。

　　《建筑设计参考图集》可以帮助创造的建筑师们，定他们的航线，可以帮助他们对于中国古建筑得一个较真切、较亲密的认识。

　　《建筑设计参考图集》是数年来学社将所调查过的各处古建筑，整个地分析解释，陆续于《中国营造学社汇刊》发表外，将其中的详部照片，按其在建筑物上之部位，分门别类——如台基、栏杆、斗栱等——辑为图集，每集冠以简略的说明，并加以必要的插图，专供中国式建筑图案设计参考之助。

　　兹将全文抄录如下：

　　建筑之始，本无所谓一定形式，更无所谓派别。《易经·系辞·下》说：

　　上古穴居而野处，后世圣人易之以宫室，上栋下宇，以待风雨，盖取诸大壮❶。

　　只取其合用以待风雨，求其坚固"取诸大壮"而已。所谓某系或某派建筑之始，其先盖完全由于当时彼地的人情风俗、政治经济的情形、气候及物产材料之供给，和匠人对于力学之智识、技术之巧拙等等复杂情况总影响之下所产生。当时的设计人，并不定要将他的创作型成某种预定形式的预定步骤。他所采取的建筑形式，差不多可以说是被环境所逼出来。古代许多的原始建筑，如埃及、巴比伦、伊琴❷、美洲、中国各系建筑，都这样在它们各自

---

❶ 应为"大状"。
❷ 或指特洛伊爱琴海地区，即前希腊。

环境之下产生出来。

到各地各文化渐渐会通的时代，一系的建筑，便不能脱离它邻近文化系统的影响，同时在它前一代的遗传，也不容它不承受。一系建筑之个性，犹如一个人格，莫不是同时受父母先天的遗传，和朋友师长的教益而型成的。

公元第三至第十五世纪间，在欧洲各处不同的区域，由希腊、罗马嫡系遗传之下，加以多少政治、宗教，及地理、气候的影响，先后的产生出初期基督教（Early Christian）、比真庭（Byzantine）❶、罗马尼斯克（Romanesque）❷、高戗（Gothic）❸ 诸式建筑。今日的史家，因其各时各地共有的特征，遂将它们归纳区分为上述诸派别。但是当时的匠师们，每人在那不可避免的环境影响中工作，犹如大海扁舟，随风飘荡，他们在文化的大海里飘到何经何纬，是他们自己所绝对不知道的。在那时期之中，只有时代的影响，驱使着匠师们去做那时代型成的样式；不似现代的建筑师们，自觉的要把所谓自己的个性，影响到建筑物上去。

所谓近代建筑师之产生，及其对于作品样式之自觉，是起于欧洲文艺复兴。十五世纪之初，意大利文学、绘画、雕刻，在复兴运动中已有了百余年的根底。那是个个性发展的时代，文学、雕绘界中，已产出名师，如 Dante、Pisano、Boccacio❹ 等；他们以个人的作品，左右了时代的潮流。在建筑界于是也产生同样的现象。这时期的建筑家，多出自雕刻家或画家之门，如 Ghiberti、Brunelleschi、Bramante❺ 等，尤其著者。那时建筑界的复兴运动，如绘塑一样，均以罗马古式为蓝本；建筑师所采取的形式，是他们自动要采取的；虽然在广义上说，也是环境的影响，但是他们对于自己的行为有一种自觉，他们自己知道他们的创作与祖先遗产间的关系，他们不是盲目的飘泊者。这运动渐渐传遍欧陆，虽然到各时各地各有特征，但在同一总动力之下，这运动竟澎湃了四百余年。

十九世纪之初，欧洲建筑界受了新兴科学考古学的影响，感到古典式不单限于希腊、罗马。所以除去仍以文艺复兴或罗马式建筑为其正统的图案样式外，有许多比较富于想象力的建筑师，也许因为感到完全模仿一式之单调，

---

❶ 拜占庭。
❷ 罗马。
❸ 哥特。
❹ 但丁，比萨，薄伽丘。
❺ 吉贝尔蒂，布鲁内列斯基，布拉曼特。

又加以照相术之发明,各处特有的建筑形式,都得藉❶以搜集在案头日夕把玩;许多的美术家及考古家,努力对古物研究,他们摄影、测绘、制图,供给设计人无数的参考资料,包括着希腊、罗马、中世纪、文艺复兴以来各时各地的建筑。于是对于中世纪的各种样式,自十五世纪以来,被认为黑暗时代粗鄙的作品,又被他们目为古朴风雅,用为创作的蓝本,而产生欧洲所谓浪漫派的建筑。所以近百年来,欧洲建筑界竟以抄袭各派作风为能事,甚至有专以某派为其设计图案之专门样式者。

但是在中国,数千年来,虽然有二十余朝帝王的更替;虽然在政治上,有匈奴五胡的威胁,辽金元清的统治;在文化上,先有佛教的输入,后有耶教之东来,中国的文化却是从来是赓续的。中国的建筑,在中国整个环境总影响之下,虽各个时代有时代的特征,其基本的方法及原则,却始终一贯。数千年来的匠师们,在他们自己的潮流内顺流而下,如同欧洲中世纪的匠师们一样,对于他们自己及他们的作品都没有一种自觉。在社会的地位上,建筑只是匠人之术,建筑者只是个"劳力"的仆役,其道其人都为"士大夫"所不齿。

十九世纪末叶及二十世纪初年,中国文化屡次屈辱于西方坚船利炮之下以后,中国却忽然到了"凡是西方的都是好的"的段落,又因其先已有帝王骄奢好奇的游戏,如郎世宁辈在圆明园建造西洋楼等事为先驱,于是"洋式楼房"、"洋式门面",如雨后春笋,酝酿出光宣以来建筑界的大混乱。有许多住近通商口岸的匠人们,便盲目被卷到"洋式"的波涛里去。

正在这个时期,有少数真正或略受过建筑训练的外国建筑家,在香港、上海、天津……乃至许多内地都邑里,将他们的希腊、罗马、高忒等式样,似是而非的移植过来外,同时还有早期的留学生,惊佩西洋城市间的高楼霄汉,帮助他们移植这种艺术。这可说是中国建筑术由匠人手里升到"士大夫"手里之始。但是这几位先辈留学建筑师,多数却对于中国式建筑根本鄙视。近来虽渐有人对于中国建筑有相当兴趣,但也不过取种神秘态度,或含糊的骄傲的用些抽象字句来对外人颂扬它。至于其结构上的美德及真正的艺术上成功,则仍非常缺乏了解。现在中国各处"洋化"过的中国旧房子,竟有许多将洋式的短处,来替代中国式的长处,成了兼二者之短的"低能儿",这些亦正可以表示出它们对于中国建筑的不了解态度了。

---

❶ 原文为"籍"。

前二十年左右，中国文化曾在西方出健旺的风头，于是在中国的外国建筑师，也随了那时髦的潮流，将中国建筑固有的许多样式，加到他们新盖的房子上去。其中尤以教会建筑多取此式，如北平协和医院、燕京大学、济南齐鲁大学、南京金陵大学、四川华西大学等。这多处的中国式新建筑物，虽然对于中国建筑趣味精神浓淡不同，设计的优劣不等，但他们的通病则全在对于中国建筑权衡结构缺乏基本的认识的一点上。他们均注重外形的模仿，而不顾中外结构之异同处，所采用的四角翘起的中国式屋顶，勉强生硬的加在一座洋楼上；其上下结构划然❶不同旨趣，除却琉璃瓦本具显然代表中国艺术的特征外，其它可以说是仍为西洋建筑。北平协和医院，就是其中之尤著者。

民国十四年，国立北平图书馆征选建筑图案，标题声明要仿宫殿式样，可以说是中国人自己对于新建筑物有此种要求之始。中选者虽不是中国人，但其图案，却明显表示对于中国建筑方法的认识已较前进步；所设计梁柱的分配，均按近代最新材料所取方式，而又适应于与近代最新原则相同的中国原来构架；其全部外形之所以能相当的表现中国固有精神而不觉其过于勉强者，就在此点。可惜作者对于中国建筑各详部缺乏研究，所以这座建筑物，亦只宜于远观了。

国都定鼎南京，第一处中国式重要建筑，便是总理陵墓。我们对于已故设计人吕彦直先生当时的努力，虽然十分敬佩，但觉得他对于中国建筑实甚隔漠。享殿除去外表上仿佛为中国的形式外，他对于中国旧法，无论在布局、构架或详部上，实在缺乏了解，以致在权衡比例上有种种显著的错误。推求其原因，只在设计人对于中国旧式建筑，见得太少，对于旧法，未曾熟谙，犹如作文者读书太少，写字人未见过大家碑帖，所以纵使天韵高超，也未能成品。

现在我们又到了一个时期：欧洲大战以后，艺潮汹涌，一变从前盲目的以抄袭古典为能事的态度，承认机械及新材料在我们生活中已占据了主要的地位。这个时代的艺术，如果故意的避免机械和新科学材料的应用，便是作伪，不忠实，失却反映时代底艺术的真正价值。所谓"国际式"建筑，名目虽然笼统，其精神观念，却是极诚实的；在这种观念上努力尝试诚朴合理的科学结构，其结果便产生了近来风行欧美的"国际式"新建筑。其最显著的特征，便是由科学结构型成其合理的外表。

---

❶ 原文为"劃然"，或为"截然"。

这种建筑现在已传到中国各通商口岸，许多建筑师或营造厂，或是有了解的，或是盲目的，又全在抄袭或模仿那种形式。但是对于新建筑有真正认识的人，都应知道现代最新的构架法，与中国固有建筑的构架法，所用材料虽不同，基本原则却一样——都是先立骨架，次加墙壁的。因为原则的相同，"国际式"建筑有许多部分便酷类中国（或东方）形式。这并不是他们故意抄袭我们的形式，乃因结构使然。同时我们若是回顾到我们古代遗物，它们的每个部分莫不是内部结构坦率的表现，正合乎今日建筑设计人所崇尚的途径。这样两种不同时代不同文化的艺术，竟融洽相类似，在文化史中确是有趣的现象；这正该是中国建筑因新科学、材料、结构，而又强旺更生的时期，值得许多建筑家注意的。

我们这个时期，也是中国新建筑师产生的时期，他们自己在文化上的地位是他们自己所知道的。他们对于他们的工作是依其意向而计划的；他们并不像古代的匠师，盲目的在海中飘泊。他们自己把定了舵，向着一定的目标走。我希望他们认清目标，共同努力的为中国创造新建筑，不宜再走外国人模仿中国式样的路；应该认真的研究了解中国建筑的构架、组织及各部做法权衡等，始不至落抄袭外表皮毛之讥。创造新的既须要对于旧的有认识；他们需要参考资料，犹如航海人需要地图一样，而近几年来中国营造学社搜集的建筑照片已有数千，我觉得我们这许多材料，好比是测量好的海道地图，可以帮助创造的建筑师们，定他们的航线，可以帮助他们对于中国古建筑得一个较真切较亲密的认识。我们除去将数年来我们所调查过的各处古建筑，整个的分析解释，陆续的于《中国营造学社汇刊》发表外，现在更将其中的详部（detail）照片，按它们在建筑物上之部位，分门别类——如台基、栏杆、斗栱……等——辑为图集，每集冠以简略的说明，并加以必要的插图，专供国式建筑图案设计参考之助。我们所搜集的材料，多在北方，不敢说是全国各地普遍的代表品，也不敢说全是精品，只是在已搜集的材料中，选其较有美术或结构价值的，聊以表示我们祖先留下的丰富遗产之一部而已。

营造学社趁此机会敬对管理中英庚款董事会表示深切的谢意。我们预定以英庚补助的"编制图籍费"刊行《〈清工程做法则例〉补图》、《古建筑调查报告》，及《建筑设计参考图集》三种，本图集乃其中的第一种。若非他们慷慨的补助，这图集的印行，在目前是没有实现之可能的。

中华民国二十四年十一月，梁思成序于中国营造学社。

86 《建筑设计参考图集》简说

1935年12月/第六卷第二期/梁思成

此"简说"原随图集刊行。转载于第六卷第二期的"简说"略去了图版,原文略有更改。此文有第一集"台基"、第二集"石栏杆"、第三集"店面"三部分。兹将各部分前段抄录于此:

第一集 台基

中国的建筑,在立体的布局上,显明的分为三主要部分:(一)台基,(二)墙柱构架,(三)屋顶。无论在国内任何地方,建于任何时代,属于何种作用,规模无论细小或雄伟,莫不全具此三部。最显著的,例如北平故都中,宫殿、庙宇、官衙、宅第,其间殿堂,不分时代,不论大小,这三部分均充分的各呈其美,互相衬托;中间如果是纵横着丹青辉赫的硃柱画额,上面必是堂皇如冠冕般的琉璃瓦顶;底下必有单层或多层的砖石台座,舒展开来承托。这三部分不同的材料、功用及结构,联络在同一建筑物中,数千年来,天衣无缝的在布局上,殆始终保持着其间相对的重要性,未曾因一部分特殊的发展而影响到他部,使失去其适当的权衡位置,而减损其机能意义。

西洋建筑中,古希腊庙宇,如 Parthenon❶ 等庙,亦用台基,且分三层;但台基每层,大者亦仅高两三踏步,与建筑物本身上两部的比例,较我国宽阔崇高的基座远逊,在全建筑中亦不占成主要之一部。上部瓦顶亦短促退缩,仅足完成遮蔽上部的实际功用。在外表上代表屋顶部分的三角形"坡顶门"(Pediment)或房山,在材料上及结构上,均与墙壁同;竟可说是墙壁伸张到屋顶部分,越俎代庖的为屋顶张罗。

在较希腊更古的西洋建筑中,对于台基有两种极端相反的观念。埃及与亚西利亚都是在空旷的沙漠上营建的古族。埃及的建筑完全没有台基,矗立的墙壁仿佛由沙里长出来。亚西利亚却在平地上筑起广袤千尺高数十尺的大高台,在上面筑起百十座的殿堂;每一座的殿堂自己却没有台基。所以与中国式台基最相类似的仍推希腊,但是在后世它却未得着发展的机会。

在印度建筑中,台基却素来占着相当重要的位置,公元一二世纪间的许

---

❶ 帕特农神庙。

多石刻，和公元第四五世纪以来的实物，台基都相当显著。至中古初期，如Sirpur 城之 Laksmana 寺砖塔，建于第七世纪；较之略迟的如 Mamallapuram 城之 Draupadit Ratha，和其他许多的例，都有极发达的台基，其重要与中国台基相等。除在下文另加伸述外，我在这里仅先提出他与中国台基之相似。

……

第二集　石栏杆

栏杆是个人人熟悉的名词，本用不着解释。在拙著《清式营造则例》中，我曾为下定义，兹姑且略加修正，解释如左。

栏杆是台、楼、廊、梯或其他居高临下处的建筑物边沿上防止人物下坠的障碍物；其通常高度约合人身之半。栏杆在建筑上本身无所荷载，其功用为阻止人物前进，或下坠，却以不遮挡前面景物为限，故其结构通常都很单薄，玲珑巧制，镂空剔透的居多。

英文通称 balustrade。

栏杆古作阑干，原是纵横之义；纵木为阑，横木为干，由字义及建筑用料的通常倾向推测，最初的阑干，全为木质是没有疑义的。栏杆亦称钩阑，宋画中所常见的，有木质镶铜的，或即此种名词的实物代表。

栏杆在中国建筑中是一种极有趣味的部分；在中国文学中，也占了特殊的位置，或一种富有诗意，非常浪漫的名词。六朝唐宋以来的诗词里，文人都爱用几次"阑干"，画景诗意，那样合适，又那样现成。但是滥用的结果，栏杆竟变成了一种伤感、作态、细腻，乃至于香艳的代表。唐李顾诗"苔色上钩阑"，李太白"沉香亭北倚栏杆"，都算是最初老实写实的词句，与后世许多没有阑干偏要说阑干，来了愁思便倚上去的大大不同。

……

第三集　店面

本集图版完全是北平旧式的店面。由近代商业眼光看来，这种店面的图样，也许不尽合广告学原则，致使人对于它的招买力发生怀疑。然而这种古式图案中，的确有不少长处，不少有趣之点，值得现代建筑师们的注意和采取。

在中国营造学社所搜集许多术书中，极少关于店铺建筑的资料。乾隆内庭、圆明园内工诸作现行则例里，有圆明园拟定铺面房、装修、拍子，及招牌、幌子一册，关于铺面房各部分所需工限，虽然严密制定，对于建筑的方法，名件之大小，却完全没有提到。但由实物上研究的结果，我们知道铺面建筑的大木构架，一切均以《工程做法》的"小式大木"为准绳❶，此外还有几种特征，约略分述如左：

……

87 中国营造学社桂辛奖学金民国三十三年度中选图案
1945年10月/第七卷第二期

此文列出中选名次为：第一名朱畅中，第二名王祖堃，第三名张琦云。此处对第一名作一介绍：

朱畅中（1921~1998），生于杭州，1941~1945年在重庆中央大学建筑系学习，毕业时获"中国营造学社桂辛奖学金"第一名。1947年受聘到清华大学建筑系任教，协助梁思成先生为清华大学建筑系的初创、发展和壮大做了大量工作。1952~1957年留学于莫斯科建筑学院城市规划系，获副博士学位。1957年学成归国后，继续在清华大学任教。1985年，受清华大学委派，朱畅中先生兼任烟台大学建筑系第一届系主任，为烟台大学建筑系的筹建和发展奠定了基础。❷

"桂辛奖学金"于1942年（民国三十一年）社长朱启钤（字桂辛）七十寿辰之时设立，"每年置论文及图案奖金各一额，以引起国内各大学建筑系学生对于本国建筑之兴趣，增深其认识，俾在创作之时，能充分发扬我民族精神。"

刊布的"农场"命题，于1944年11月发出，参加者仅中央大学。各图案于1945年2月由中央大学童寯、李惠伯两教授及学社梁思成先生审查，评定出朱畅中为第一名。

"农场"命题后刊出了第一名朱畅中的"农场总平面图，农场办公室图，农场住宅、宿舍、温室、谷仓图"，以及第二名王祖堃、第三名张琦云的"农场总平面图，农场各建筑物平面及立面图"。

---
❶ 原文为"準獹"。
❷ KSMSRL. 朱畅中［EB/OL］.（2012-11-29）［2012-12-01］. 百度百科(http://baike.baidu.com).

第六类　译　文

篇　目

88	英叶慈博士《营造法式》之评论	第一卷第一册
89	法人德密那维尔氏评宋李明仲《营造法式》	第二卷第二册
90	英叶慈博士论中国建筑	第一卷第一册
91	英人爱迪京氏《中国建筑》	第二卷第二册
92	乾隆西洋画师王致诚述圆明园状况	第二卷第一期
93	乾隆朝西洋画师王致诚述圆明园轶事	第二卷第三册
94	法隆寺与汉六朝建筑式样之关系	第三卷第一期
95	玉虫厨子之建筑价值并补注	第三卷第一期

88 英叶慈博士《营造法式》之评论

(A Chinese Treatise on Architecture)
1930年7月/第一卷第一册/书评/叶慈

这是一篇国外学者的研究成果,原文共20页,后有汉译(只有原文前5段译文)。从中既能看到国外学者对中国建筑研究的情形,也可了解《营造法式》之来龙去脉。此处摘录前5段原文,❶ 及对应译文。

A Chinese Treatise on Architecture
BY W. PERCEVAL YETTS
[From the BULLETIN OF THE SCHOOL OF ORIENTAL STUDIES,
LONDON INSTITUTION, Vol. IV, Part III, 1927]
[Reprinted from the BULLETIN OF THE SCHOOL OF
ORIENTAL STUDIES, LONDON INSTITUTION, Vol. IV, Part III]

THE Chinese have held to the architectural standards of the past no less tenaciously than to other traditions of their ancient civilization. Buildings standing at the present day testify to this fact, and innumerable written records indicate a continuity of architectural practice lasting more than 2,000 years. The probability is that foreign importation has affected Chinese architecture least of all the arts. Buddhism introduced certain Indian forms: the cenotaph or reliquary, the pyramidal monastery, and perhaps the curved roof later. Numerous decorative motives from many parts of Eurasia have been turned to good account by Chinese interpreters. But the borrowings from abroad have done little more than to modify superficially, here and there, native methods of construction.

Written evidence shows that the erection of palaces and public buildings has always been a care of the State. Unfortunately, extant remains of governmental codes regulating architecture are much scantier than those concerned with other

---

❶ 原文疑错较多,未一一指明,只按原文抄录。

departments of the administration. Moreover, the art of building has not called forth scholarly treatises to the same extent as art expressed in portable objects which appeal to collectors, for instance, paintings, bronzes, and jades. And technical methods have been an oral tradition handed down through generations of practising craftsmen who are the real architects of China. Thus the literature of architecture is small; in fact, so small that the book which is the subject of this article is the sole surviving work of importance.

About A. D. 1070 the Emperor of the Northern Sung dynasty, reigning at K'ai-fêng, ordered the Inspector of the Board of Works to compile a treatise on architectural methods based on ancient tradition and information preserved in the official archives. The resultant work was finished in 1091, and it bore the title of *Ying tsao fa shih* 营造法式, that is, *Method of Architecture*. Six years later, Li Chieh 李诚, an Assistant 丞 of the Board, received the imperial command to revise the book. In 1100 the amended version under the same title was finished and presented to the throne. In 1103 it was printed, and copies were distributed among the Government offices in the capital. ❶ The likelihood is that the blocks and many copies were destroyed during the troubles of the ensuing years. In 1126, when K'ai-fêng was taken and pillaged by the Nü-chên Tartars, all the official buildings and their contents were destroyed. The reigning family fled to the south, and eventually established the court at Hang-chou. The Emperor Kao-tsung (1127-62) built a library, and offered rewards for contributions of books. An "old copy" of *YTFS* came into the hands of the officials at Su-chou, and from it in 1145 they had blocks cut and a new edition printed Manuscript copies of this 1145 edition are all that are known to survive at the present day of the *YTFS*, except one folio and a half, presumed to be relics of the first edition, as will be described later.

In 1919, a manuscript copy, kept in the Chiang-nan Library at Nanking, was examined by Mr. Chu Ch'i-ch'ien 朱启钤, who had been Minister of the Interior under the presidency of Yüan Shih-k'ai, and is now Director-General of the Chung-hsin Mining Company. After consulting Mr. Ch'i Yao-lin 齐耀琳, the Civil Governor of the province, Mr. Chu decided to publish it, and accordingly an edition was printed by photo-lithography. This was smaller in size than the manuscript; but

---

❶ For sake of brevity, Li Chieh's treatise will be indicated thus: *YTFS*. —原文注

afterwards, in 1920, a photo-lithographed facsimile of the manuscript was published by the Commercial Press at Shanghai. Not long before that, the Curator of Peking Metropolitan Library had found the two fragments which are presumed to have come from the first(1103) edition of *YTFS*. Recognizing the imperfections of the manuscript reproduced by photo-lithography, Mr. Chu conceived the project of reconstructing the first edition in the form indicated by the fragments. The work was entrusted to Mr. T'ao Hsiang 陶湘. It was published during 1925 in eight magnificent volumes which are triumphs of book-production.

The photo-lithographed edition, *YTFS*(1920), is the subject of an admirable review❶ by M. P. Demiéville, which is the most scholarly contribution yet made by a Western writer to the study of Chinese architecture. ❷ M. Demiéville gives a summary of the text of *YTFS* as well as bibliographical data. The present article deals mainly with the history of the 1925 edition as set forth at the end of the last volume in an appendix and in an account written by Mr. T'ao Hsiang. It is a complicated narrative, which includes the bibliographical vicistudes of *YTFS* from its earliest beginnings, and it fills twenty-four and a half folios. Too long for literal translation here, I give it in outline.

……

英叶慈博士《营造法式》之评论

在古代文化中，中国人对于建筑之制度，亦有深刻之研究。试观今日存在之建筑物，即可证明。并有若干书籍将两千年来建筑之历史，纪述无遗。但受外国之影响甚少，殊不若他种艺术也。由佛教引入中国之印度建筑形式，为墓碑、金字塔形之庙宇，及曲形屋顶等。又华人颇能将许多欧亚交界各处之建筑原理，运用于本国建筑之上，但亦不过影响本地建筑之外表形式而已。

---

❶ *BEFEO*, xxv(1925), pp. 213-264. A much shorter review by Professor Naitō Torajiro 内藤虎次郎 appeared in *Shina-gaku* "支那学", i(1921), pp. 797-799. With the help of Professor Itō Chūta 伊藤忠太 the writer had in 1905 copied the MS. copy of *YTFS* in the *Ssǔ k'u* set at Moukden(*v. inf.*, pp. 480, 485, 488-489). ——原文注

❷ An article by the present writer on literature relating to Chinese architecture appeared in the *Burlington Magazine* of March last. ——原文注

据书籍所载，中国向来注重官殿或其他公共建筑。堆❶今日存在之国家所定关于建筑本体之则例，反较与建筑有关系之其他规则为少；且建筑之术，又不若油漆、古铜、玉石，各种活动物品代表之艺术，可以使人视为有文学上之价值。不止此也，各种专门手艺，惟赖历代匠人之口传，而匠人亦即当时之建筑师也。夫如是，则关于建筑学之文字又焉能多。故本书所论之《营造法式》乃惟一之重要书籍。

约西历一〇七〇年，北宋神宗皇帝敕令将作监根据案卷中所记载之传说，编纂《营造法式》一书。成于一〇九一年。踰六年，将作少监李诚奉敕修订。一一〇〇年，修订完毕，并经御览，于一一〇三年（崇宁二年）付印。于是京外各官署中，均有此书。不幸一一二六年，开封为女真鞑世所占据。官署既焚，书亦随之而尽。迨宋室南迁，建都杭州，高宗（一一二七至一一六二年）乃创立书库，并搜罗佳本。后知平江军府事王唤得一《营造法式》刊本，即于一一四五年就该本刻木版翻印新书。此手写本，除有页半可断其为初版之残余外，其余部分，与现在之《营造法式》相同，此节以后当再述之。

一九一九年，前内务总长（现任中兴煤矿公司总理）朱启钤氏，得将江南图书馆所藏之钞本，详细察阅。朱君更与江苏省长齐耀琳君商议，遂决定石印出版。所出版之书，惟面积稍小，其余均毕肖。后商务印书馆于一九二〇年亦依照钞本重付石印。在此以前，北京图书馆馆长曾觅得残叶两片，云系初版。朱君既知钞本之不完善，乃根据残叶重新校定，并委托陶湘君负责司其事。于一九二五年出版，名曰《仿宋重刊李明仲营造法式》，计分八册，可称佳构。

德国德米维尼君（M. P. Demiéville）所写之评论，即系以此石印本为背景。该项评论，可谓西方著作家对于中国建筑学惟一有文学上价值之贡献，因其所作之《营造法式概论》实能与文学史书并驾齐驱也。兹欲论者，乃根据一九二五年版之卷末附录及陶湘君所题识语而研究该书之史迹。因附录及识语系述《营造法式》自始至今之变迁沿革，甚为繁杂，不得不由廿四页半中取其要点分别译述之。（附录及识语原书具在，兹从略不译）

---

❶ 原文如此，对应英文为"unfortunately"（可惜）。

89　法人德密那维尔氏评宋李明仲《营造法式》

1931年9月/第二卷第二册/书评/德密那维尔（P. Demiéville）著，唐在复❶译

德密那维尔（P. Demiéville，1894~1979，又译作"戴密微"），法国汉学家，敦煌学著名学者。一生所获荣誉极多，1951年当选金石美文学院院士，后又获得比利时卢万大学（Université de Louvain）名誉博士、意大利罗马大学（Université de Rome）名誉博士、英国伦敦亚非研究学院（School of African and Oriental Studies）通信院士、英国亚洲研究学会（Association of Asian Studies）通信院士、英国科学院（British Academy）通信院士、日本东洋文库名誉院士、日本科学院名誉院士等。

德密那维尔（P. Demiéville）❷

该文前有"编者识"，说明原文出处及不足："德氏此文，载1925年，越南《远东学院丛刊》第一第二卷，第213至264页，并注明所据《法式》系1920年石印之本。然仿宋重刊本，亦即与该丛刊同年出版。德氏此文，似脱

---

❶ 任中国营造学社校理。
❷ BAIDU. 戴密微 [EB/OL]. [2013-12-20]. http：//baike.baidu.com.

稿在是年以前，故未及就仿宋重刊本，加以评论，诚为憾事。"

文后列 20 条译者附注，多为校正原文之误。

兹抄录篇首部分内容如下：

中国各种艺术，惟营造人不甚知，Fergusson（福开森氏）、Paléologue（巴雷渥罗氏）、Bushell（布谢尔氏）、Münsterberg（孟斯脱薄尔氏）所著书，论及营造，仅举大纲，其说尽多可采，但非由精研中文纪载及各种详图而得者。一八九〇年时，Eldkins（爱特钦氏）试草一营造小史，亦未有成也。Cambaz（康保士氏）之刊著，其可观处则仅在摄影图片，Fonssagrives（丰沙基夫氏）暨 DeGroot（特黑罗脱氏）所编《明陵清陵图说》，以及特氏所著《坛庙考》，亦皆不重建筑。至于 Boerschmann（蒲色孟）之佳著，及曾登入本刊之 Bouillard（普意雅氏）、Vaudescal（佛台斯格尔氏）近作，又皆详于考古、历史、宗教，而营造法则鲜研究也。余所知者，独有 Hildebrand（歇尔特伯郎特氏）之《北京郊外大觉寺佛殿考》一种，为研究工程专书，惜未列举中文名称，能如 Baltzer（巴尔周氏）对于日本宫室寺庙建筑法所著之书，令我建筑师及汉学家得知中国大匠习用之法式名称而可引用者，未之有也。又 Choisy（舒埃齐君）在其《营造史》内，关于中国部分，仅引及十八世纪英工程师 Chambers（仓伯斯尔）所绘之图片汇刊，及一中文书籍，名《工程做法》者。是书据余所知，尚未有西方之汉学家研究及之。日本则因其在本国建筑上过去所受及现今仍可能受之势力，而在历史与实用方面成为直接相关之问题，故遂先我而致力于此，其所刊行之北京宫殿各书，足资取证。一九二二年 Aurousseau（渥鲁苏氏）游历日本时，曾为远东学院图书馆购置焉。

学子之未经注意，盖有数因：古建筑之不存在，为其一；古籍中缺少专门纪载，为其二也；又因考古学、语文学家之搜讨，在建筑上无所取材，遂不为人属意欤。

中国无古建筑存在，其说非诬。试观长城及祠祭石室与佛塔数处外，元代以前之建筑，有存在者乎？即或有之，亦皆颓变太甚。故欲追研古物，只能乞灵于石刻、绘画、土偶，暨日本之仿汉旧宇，以及流传之纪载而已。

研究中国美术史家，有谓依据绘刻之图本，足以考见古代建筑，及其时服饰与其礼器。查汉之末年，确有博古名人，绘刻三代宫室，用以表现当时之礼法，但流传之本，残损窜易已甚，求之汉时建筑遗意，并有不足取证之憾。试将其图如何流传至今之历史殚述之，似非无益也。……

90 英叶慈博士论中国建筑

（Writings on Chinese Architecture）
1930年7月第一卷第一册/书评/叶慈

此篇英文原文共13页，中文译文14页。兹抄录英文第一段、中文前6段于后。

WRITINGS ON CHINESE ARCHITECTURE
W. PERCEVAL YETTS
Reprinted from THE BURLINGTON MAGAZINE, March, 1927

ABSENCE of old buildings may seem strange in a land where an advanced civilization has flourished continuously for 3,000 years and more. The explanation is that Chinese architects have followed the practice of depending on wood for structural integrity, in much the same way that we at the present day frame buildings in iron or steel. And this explains not only the ephemeral life of Chinese buildings, but other of their features to be discussed later. Their lack of durability is testified by the fact that few now standing go back earlier than the beginning of the last dynasty—three centuries ago, and very few earlier than the Ming who established themselves on the throne in A. D. 1368. Excepted from this generalization are, of course, walls and other structures built without wood, such as the rare "beamless" buildings and certain pagodas and bridges. Thus only comparatively modern examples persist of the more ambitious architectural enterprises, and for study of the art through the long ages of its practice we must turn to documents of various kinds. Those at present known are not numerous. They are tomb monuments in the provinces of Shan-tung, Ho-nan and Ssǔ-ch'uan dating from the Later Han (A. D. 25 to 221); models in pottery dug up from burial grounds of the Han and following periods; certain paintings and sculptures of the fifth to the tenth centuries (mostly belonging to Buddhist shrines); old Japanese buildings in the Chinese style; and, lastly, native books.

英叶慈博士论中国建筑
译自《白利登》杂志（一九二七年三月号）
（内有涉及《营造法式》之批评）

有三千年文化历史之中国，而无古建筑物，岂非奇事。盖中国昔日之建筑师，以木为惟一材料，非若吾人今日之用钢铁可比。故所造屋宇不能久存也。兹欲论者，除中国建筑本身，有不能耐久原因外，其他有关系之点，亦将依次述之。试观当今存在之建筑有三百年历史者甚尠❶，明代以前尤属罕见（明洪武初年为西历一三六八年），其不能经久，即此足以证明矣。至于无木料之建筑，如墙壁、桥塔之类，则不在此例。夫年代既久，吾人欲深加研究，必须参考古时记载方为可靠。然此种记载，为数不多，可考者惟山东、河南、四川之后汉墓碑，汉及后汉之自墓地掘出之陶器模型，自五世纪至十世纪之油漆暨雕刻记载（多属于佛龛之类），中国式之日本古建筑图形及各省志书而已。

由以上所述物体及文字之证明，可见中国人守旧心理之一斑。其对于建筑一事必根据祖先方法，正如他事之遵守遗训也。国家史籍并各地方志，关于都城之改造迁移，或朝代更替时，京城之重建，均极力摹仿古时之制度方法，言之甚详，在华之外人亦颇关心此事。例如十二世纪中叶，女真鞑靼建都于北京，宫殿式样，悉取诸开封宋代宫殿。而宋宫殿，又系仿效洛阳唐朝宫殿者也。鞑靼非特仿宋宫殿之形式，且将宫中之木料，运至北京，而以之建造新殿宇焉。综观前例，可知中国之建筑，在六百年以内者尚可考（即明朝前一百年）。换言之，六百年前之木料建筑，今日犹存在者，实属罕观。若专研究建筑之历史，则可上推至唐朝前八百五十年。是时秦始皇正建都咸阳，其规模之宏大壮丽，实远胜于巴比伦之尼尼微城。

据历史云，咸阳引伸至渭水东西若干里，其南北面积亦颇广阔。全国富户有十二万家，均须造宅邸于城内，而携其所有财物以居焉。当君王克复一地也，乃将所毁宫殿之形式，重新建筑一宫于京城，更以所获财宝置于宫内。此类建筑，计有一百四十五处。妃嫔万人，即分散住之，每宫均随时准备，以冀帝驾临幸也。此外尚有一最大皇宫，在河之北，庄严宏大，为各宫冠。宫中廊庑，满悬丝制织物，蔓延若干里，与各殿衔接。桥梁之形式，类似屋顶，系用木造成。长为二八〇码，宽为一二码，有六十八垛，八五〇柱，二

---

❶ 尠（xiǎn），同"鲜"。

一二横梁,及两头石台各一。虽然,如此尚不足以惬始皇之意,故于河之南又建一宫。此宫工程之伟大,久已盛传于历史,即阿房宫是也。中有一殿,东西五百码,宽百码,上层能容万人。下层由地至顶之高,足可将十码长之旗竿直举,其大可想而知矣。有七十余万罪人应定死罪者,均罚之建此新宫,及皇帝之陵寝焉。

夫咸阳城可谓极宏大繁华矣,然转瞬之间,竟成焦土。除少数石柱外,均付之一炬,毫无存者。纵使掘地,亦只可觅得带文字花纹之砖瓦石片等物。木料建筑,终不可考,是故文字记载,虽有时不免过甚其词,关于各种要点,或不致与事实相差太远。吾人读秦朝历史,有三种事实,最为明显:一,秦始皇为烧诗书之人,而未尝改革固有之建筑法式。二,各种宫殿形式,均搜罗建筑于都城。三,纪元前三百年时,中国艺术,已达到最高程度。

秦始皇可称中国拿破仑,废除封建制度,而并吞各小国,成一大帝国。因其事业之伟大,世人遂公认统一中国建筑制度,为秦始皇之功也。

中国文学,惟诗赋与地志,材料最为丰富。多数韵文,如古时之赋,用夸张名词,华丽字句,以描写宫殿或庙宇。至于志书,则系记载某地之重要事实,殊为可信。兹欲研究之书,为《洛阳伽蓝记》。此类之书,在今日异常稀少,观其题目,即知与洛阳之寺院有关。此书推行极广,因书中详述关于佛教建筑之光华。在北魏时,该项建筑,已增加不少于京都。五四七年(西魏大统十三年,梁太清元年),有名杨衒之者,重诣洛阳,是时距魏朝被叛逆逐出洛阳已十三载矣。以前共有一三六七佛殿,而存者不过四二一。因恐日久湮没无存,渠乃手写志记,以待后人观感。在诸佛教建筑之中,更有一巨塔,余以后将细述之。

91 英人爱迪京氏《中国建筑》

1931年9月/第二卷第二册/译丛/爱迪京著,瞿祖豫译

爱迪京(Joseph Edkins,1823~1905),英国传教士,在中国待了57年,30年在北京。作为汉学家,他专门致力于研究中国宗教。他同时也是个语言学家、翻译家。他写了许多关于中国语言和中国宗教,尤其是佛教的书籍。

他在一本著作中试图表明，欧洲和亚洲的语言都有一个共同的起源。❶

爱迪京（Joseph Edkins）

《中国建筑》（*CHINESE ARCHITECTURE*），发表于亚东学会华北支会月报（XXIV，1859~1990）。译文后有英文原文，兹抄录部分译文如下：

欲明了一国之建筑，必须先考其古代之历史。因大抵建筑物均系根据已往事实及古人之观念而成也，请举例以明之，当吾人行近峨特（哥特）式大礼拜堂（Gothic Cathedral）时，吾人即知在前面道旁有代表《圣经》中之先知使徒之雕像，表明基督教乃依据先知使徒之教训。而华美教堂，又为崇拜彼等而建筑，若此雕像如维诺斯教堂（Well's Cathedral），则其观念系由希腊艺术中采取，不过希腊艺术多代表战争、宗教角力、节期、婚姻、戏剧等项耳。

既入经过洗礼水盆，此盆为提醒吾人须先受洗礼方能参与基督教之礼拜也。行至此，吾人不禁发生感想，此门为全礼拜堂之参加礼拜之大门，而礼拜又为代表各要点之象征，堂之中部为礼拜者之场所，同时此种以洗礼为主之礼拜，亦显明焉。堂内之廊路，因男女而分隔。至于基督教之神秘及最深之信仰，此峨特式建筑，亦有特别之象征。总全部言之，此种制度，足以表明受过教育者与无学识者两种建筑之具此种形式，使人观之，颇能激起天性也。

兹引密尔敦（Milton）君之诗于下以资参考：

余愿寻求真理，

---

❶ 译自：WIKIPEDIA. Joseph Edkins [EB/OL]. [2013-12-22]. http://en.wikipedia.org.

而永不入于歧途；
余爱弯曲而高的屋宇，
巨大而奇特的楹梁，
重叠而华丽的窗楣；
因其能发朦胧威严之光！

以上系描写礼拜者对于礼拜堂建筑之感想，关于音乐之诗并录于下：
使悠扬之琴音清晰，
使合唱之歌韵低微，
甜蜜之声盈于耳，
欣喜之意满余怀；
眼前更有主之荣光照曜！

峨特式建筑为宗教之媒介，故基督教采取此式为礼拜堂。礼拜时，牧师、读经者，及风琴均有一定位置。至堂中之高拱门，不但表显上帝之荣光，其最大之功用，乃在回应歌咏之声，使崇拜者能得更深之印象也。

（一）中国古代建筑

设有问于余曰："若以上所述为峨特式建筑之目的及其成功，然则中国建筑之目的为何？又以原来之意志而论其影响是否只及本国范围以内？"第一吾欲解释者，即所谓中国古代建筑，不外宗教的与世俗的两种，然吾人研究愈深，则愈感觉宫殿即庙宇，庙宇即宫殿，无甚差别。此种情形，在亚述（Assyrians）之建筑亦然，故亚述古时学者如雷雅德（Layard）等亦有相同之感想，在中国经典中更有事实可考……

92 乾隆西洋画师王致诚述圆明园状况

1931年4月/第二卷第一册/译丛/王致诚著，唐在复译

1743年，圆明园安祐宫建成，即后定四十景中之"鸿慈永祐"。法国天主教教士王致诚（Ferire Attiret）致书大清国，称圆明园为"万园之园"。此文节译自王致诚致达索（M. d'Assaut Toises）的函，1743年11月1日发自北京，后附法文。兹抄录译文数段于后：

其别墅则甚可观，所占之地甚广，以人工垒石成小山，有高二丈至五

六丈者，联贯而成无数小山谷。谷之低处清水注之，以小洞引注他处，小者为池，大者为海。其上以华美富丽之小舟行之，有长至十三端斯（Jaires），宽四端斯。而上建有美室者，谷中池畔各有大小匀称之屋数区，有庭院，有敞廊，有暗廊，有花圃花池子及瀑布等，一览全胜，颇称美妙。

由山谷中外出，不用林荫宽衢平直如欧式者，而由曲折环绕之小径，径旁有小室小石窟点缀之。进入第二山谷，则异境独辟，或由地形不同，或因屋状迥别也。

山丘之上遍栽林木，而以花树为多，盖为此间泛常之品，真人世之天堂也。涧流之旁，叠石饶有野趣，或突前或后退，咸具匠心，有似天成。非若欧洲河堤之石，皆为墨线所裁直者也。其水流或阔或狭，或如蛇行，或似腕折，一若真为山岭岩石所进退者。水旁碎石中有花繁植，恍如天产，随时令而变易焉。

涧流之外，复有匀铺小石之山径，通行于山谷间，或近水旁，或离稍远，均取曲折蜿蜒之势。

入山谷中而观之，则见其宫室焉。正面有柱有窗，凡属间架，满涂金漆彩色。其墙则砌以平正光滑之灰色砖，其屋顶则盖有红黄蓝绿紫之琉璃瓦，各按其色，间杂而匀铺之，而令区段与花色极繁缛而美观焉。其屋大多数为平房，由地起建，离地自二尺、四尺、六尺或至八尺，亦有一层楼房。上楼时，不由工整之石梯而由山石攀登，一似天设者然。世传之神仙宫阙，其地沙碛，其基磐石，其路崎岖，其径蜿蜒者，惟此堪比拟也。

其室内之富丽，与其外观相埒，不徒室与室分配停匀，其陈设与装修，亦皆精美贵重之品。庭院廊庑间，则有文石与磁质、铜质之瓶，满陈花草。阶前石墩上陈列者，不为浊恶之雕像，而为紫铜或黄铜人像，或为表象之禽物与夫焚香之鼎盂。

每一山谷中，必有一宫殿。余曾言之，其处就全区域固不甚大，而就本处言则已非小，缘其室足以处欧洲最大国之君王及其从者而有余也。造屋木材，有用老松，由五百里外费巨值运来者，此等处所在园内共有二百以上。内监之官舍尚不在内，缘管理宫殿者皆为内监，住居近处数码以外。其屋朴陋，故每以墙或山石障之。

河流之上，逐段皆有桥梁，以便往来。桥梁砖石为多，亦有用木者，必略高以便舟行。桥用白文石为栏，石皆琢磨细致，雕刻起花，其造法又各不相同。且有回环曲折者,每将直径三四丈之桥,增至十丈、二十丈之多。有时在桥梁中段,或在两端,筑有四柱、八柱、十六柱之休憩小亭。当以有亭之桥为最美观,亦有在桥两端建有木坊或白石坊者,其形制美妙,与欧洲人思想迥乎不同。

……

93　乾隆朝西洋画师王致诚述圆明园轶事

1931年4月/第二卷第三册/更正/Attiret（王致诚）

第二卷第一册已刊登过此篇内容,有中文版和法文版。

因法文有较多错误,本期"更正"栏目中重新刊登了法文版"乾隆朝西洋画师王致诚述圆明园轶事"。文末增加了一段说明:"N. d. R. –Le texte ci-dessus reproduit est destiné à remplacer le même texte non corrigé et introduit par erreur dans le numéro précédent"。

94　法隆寺与汉六朝建筑式样之关系

1932年3月/第三卷第一期/论著/滨田耕作著,刘敦桢译注

日本法隆寺,全名法隆学问寺,别名斑鸠寺。公元607年,推古天皇根据先帝用明天皇的遗命与圣德太子一起修建了法隆寺。其建筑设计受到中国南北朝建筑的影响,寺内有40多座建筑物,保存着数百件7~8世纪的艺术精品。❶

---

❶　BAIDU. 法隆寺［EB/OL］.［2013-12-23］. http：//baike.baidu.com.

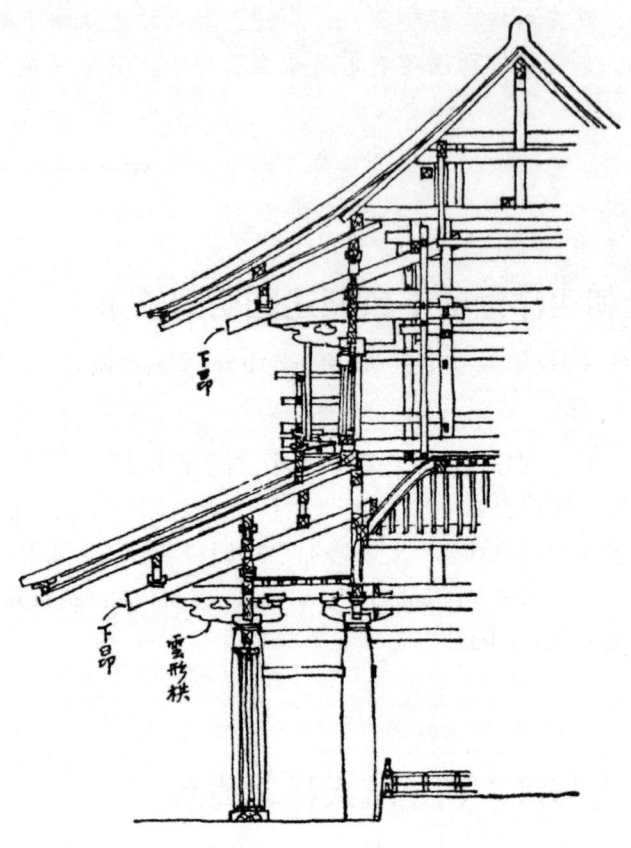

日本法隆寺金堂南北剖面图

全文包括以下部分内容：

一、绪言

二、高勾丽古墓壁画

三、六朝石窟及其他遗物

四、汉代遗物及其表现之建筑式样

五、结论（汉至隋唐间斗栱之变迁）

注

译者补注

兹抄录"绪言"一段如下：

法隆寺西院诸建筑，即金堂、五重塔、中门、廻廊等，皆建于推古天皇时。天智天皇九年，寺遭回禄，其后和铜间曾否再建，久成悬案，惟其式样视后之宁乐式（白凤期及天平期）迥然异观，故有推古式或飞鸟式之称。伊东博士著《法隆寺建筑论》，搜列其特异之点，如伽蓝配置、建筑架构，及细部构造，如鱼肚形（ENTASIS）之柱，座斗下之皿板、云形栱及云形十八斗，凹曲线之栱端，卍字勾槛，及人字形铺间斗科等，逐一缕叙无遗。至同期遗物，如法轮、法起二寺之三重塔（在法隆寺附近），其式样与法隆寺金堂悉皆符契，而金堂所藏玉虫厨子，以工艺品兼建筑模型见称者，亦与法隆寺不乏类似之点，此皆学术界周知之事实，无俟著者赘及矣。

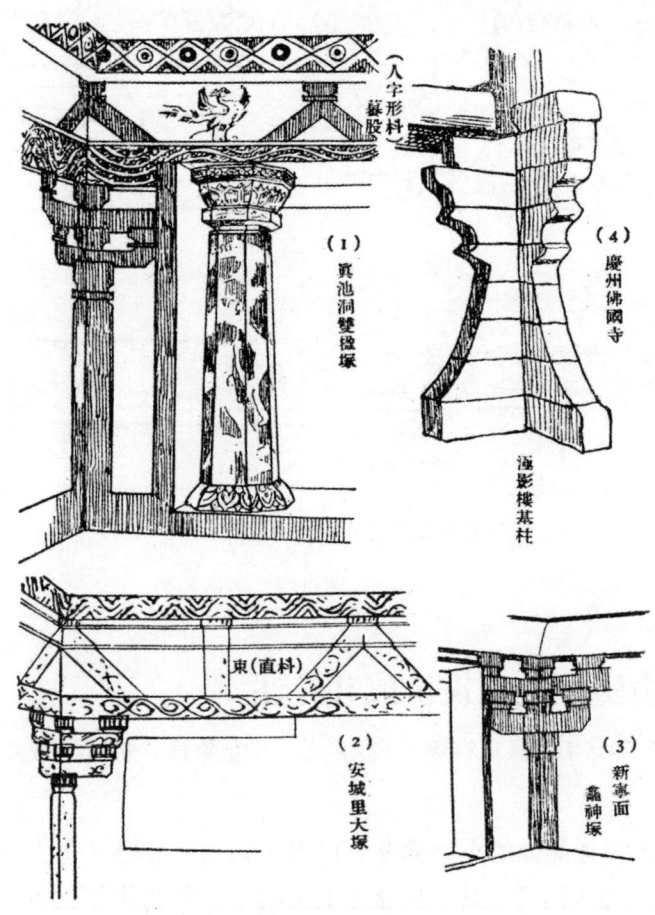

朝鲜高勾丽古坟壁画及佛国寺基柱

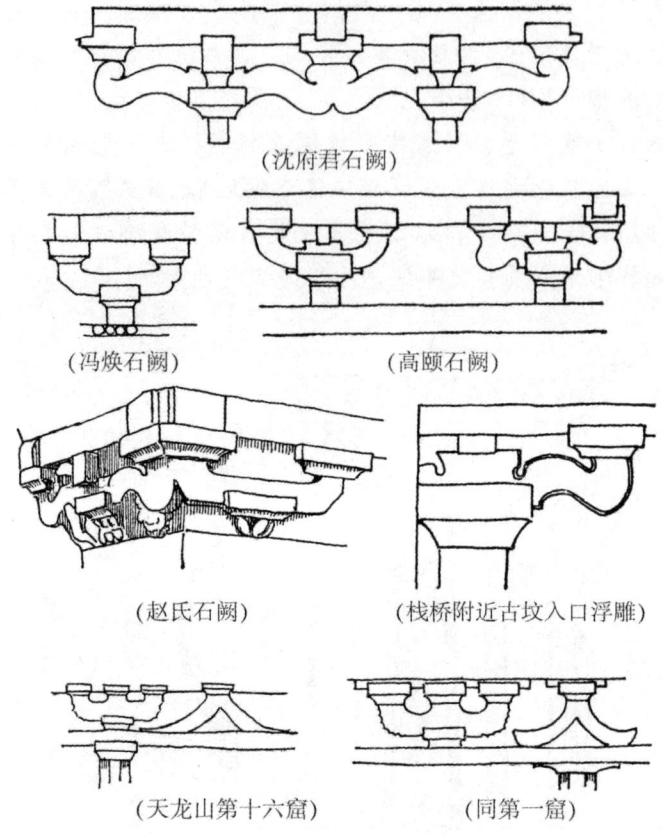

(沈府君石阙)

(冯焕石阙)　　　　(高颐石阙)

(赵氏石阙)　　　(栈桥附近古坟入口浮雕)

(天龙山第十六窟)　　(同第一窟)

四川石阙及天龙山石窟斗栱与铺间斗科

95　玉虫厨子之建筑价值并补注

1932年3月/第三卷第一期/论著/田边泰著,刘敦桢译并补注

"厨子",安置佛像的小型佛龛,以青虫鞘翅为装饰。青虫有时又称"玉虫",故称"玉虫厨子"。日本法隆寺玉虫厨子,其制作年代古老,是结合工艺、建筑、绘画等诸多艺术精华的日本国宝。

全文包括以下部分内容:

一、绪言

二、玉虫厨子之建筑特质

三、玉虫厨子上部宫殿之式样

四、结言

此文"绪言"写道:"玉虫厨子在法隆寺金堂内东隅,东向。历来研究者不一而足,惟其本质问题多未论及,如制作年代与制作地点之考证,及建筑学之考察是已。本文对前二者无余裕详及,只有俟诸异日,惟当考察其建筑特质时,亦不得不稍涉此根本问题。是以先举古代文献中之重要者,以为前题,如《古今目录抄》有:向东户有厨子,惟古天皇御厨子也,其腰细也,以玉虫羽以铜雕透唐草下卧之,其内金铜阿弥陀三尊御,其盗人取光二许所残也……"

玉虫厨子细部

第七类 杂 著

篇 目

96	宋李明仲先生像	第一卷第一册
97	李明仲八百二十周忌之纪念	第一卷第一册
98	朱桂辛先生六十造像	第三卷第一册
99	社长朱桂辛先生周甲寿序	第三卷第三期
100	征求《营造法式》佚存图籍启事	第一卷第一册
101	《营造法式》印行消息	第一卷第一册
102	《营造辞汇》纂辑方式之先例	第二卷第一册
103	英锡寇克氏介绍本社汇刊之传单	第二卷第一册
104	参观日本《现代常用建筑术语辞典》编纂委员会纪事	第二卷第二册
105	梁任公先生题识《营造法式》之墨迹	第二卷第三册
106	琉璃窑轶闻	第三卷第三期
107	伯希和先生关于敦煌建筑的一封信	第三卷第四期
108	图书介绍	（载于多卷）
109	书评	（载于多卷）
110	社事纪要	（载于多卷）
111	本社纪事	（载于多卷）
112	编辑后语	（载于多卷）

96　宋李明仲先生像

1930年7月／第一卷第一册／插图／陶洙

　　第一卷第一册卷首为此插图，图下有"武进陶洙"附言（抄录于下）。在《李明仲之纪念》一文附录一有"李明仲画像之意匠"一篇，论及画像来历："先生一生经历，略具程氏所撰墓志中，然遗像不传。本社陶君洙夙精相术，兼工写真，爰嘱其檃括先生平生性行，参稽相书，追摹大概……"

　　先生为郑州名族，藏书满家。年二十余，以门荫官县尉。有能名，中年累鸠僝功，仕途平进，博学多能，上邀赏睿，颖敏过人，述作繁富。享年虽不可考，约计四十六七。父享大年，与兄同在朝列。夫人偕老，子女咸备。中华民国十九年三月廿一为先生八百二十周忌，谨依相法追摹以志景仰。

武进陶洙

97　李明仲八百二十周忌之纪念

1930年7月／第一卷第一册／专著

此文包括：明仲之时代、明仲之家世及经历、明仲之建设、《营造法式》之成书与其价值、明仲之人格、附录一"李明仲画像之意匠"、附录二"祭文"、附录三"征求宋李明仲逸书遗迹启事"。

后附"李明仲先生墓志铭"、"李明仲先生补传"。

其中"明仲之建设"条举李明仲先生一生所任之工役：（一）五王邸、（二）辟雍、（三）尚书省、（四）龙德宫、（五）朱雀门、（六）景龙门九成殿、（七）开封府廨、（八）太庙、（九）钦慈太后佛寺、（十）营房、（十一）明堂。

98　朱桂辛先生六十造像

1932年3月／第三卷第一册

朱桂辛先生六十造像

此造像后有梁思成识语：

先生生于同治十一年壬申十月十二日，今年适为周甲之期。前溪先生赠诗纪公出处，最为时下传诵。盖公晚年退居，致力于营造学社，孜孜不倦，故有老作李明仲之句，同人日侍砚席，饫闻讲论久矣。壬申初春社刊更始，各献研究所获为先生寿，并以公六十造像及前溪赠诗，揭诸简端，用志景仰。后学梁思成谨识。

99 社长朱桂辛先生周甲寿序
1932年9月/第三卷第三期/杂俎/瞿兑之❶

此文为瞿兑之先生为社长朱启钤先生祝贺六十大寿的文章。前部论治学，后部记颂社长朱启钤先生。兹抄录部分如下：

易曰"观其会通"，记曰"智类通达"，旷览古今，惟通为难。虽云资有天授，非关人力，然亦后世学术歧趋泯棼之所致也。古者官师合一，退而为学，进而从政，此物此志，莫或有殊。章氏实斋阐论斯旨至为精允；实斋之言曰，"古人之学不遗事物，盖亦治教未分，官师合一，而后为之较易，司徒敷五教典乐教胄子以及三代之学校，皆见于制度。彼时从事于学者，入而申其占毕，出而即见政教典章之行事，是以学皆信而有征，而非空言相授受也"。余惟古设六艺之教，方其胜衣就传，所学固皆日用之常经，百为之通轨，学成焉而后择一术以致其精，终身行之而不懈，故其通也有闻一知十之能，其专也复有极深研几之致。虞廷之治，登庸俊乂，后稷树艺五谷，而共工董治百工，非唯官师合一，而且官工合一也。孟子始有"劳心者治人，劳力者治于人"之说，战国之际，处士横议，空言猎名，扇为风气，不独政与教分，官与师分。抑且学与事分，其端始见于此乎。泊于汉武，以儒家专论学之席，而九流见轩轾之殊，治学之途愈隘，专者既不获与于学术之林，而通者亦罕复可见矣。自汉以还，为学之弊凡三。儒家流派不越三支，所谓考据词章义理，鼎分而更胜。求其贯通三者，不囿一端，已为难遇。至若因词章而获考据，由考据以见义理，茫茫千载，实若晨星。夫此三者仅为治学之方，全非学之鹄的，犹且拘牵若此，何缘见其远大，其弊一也。汉儒缘饰经术，犹颇达于治道，自尔以降，事功学术，渐判两途，抗论虽周情孔思，莅

---

❶ 时任中国营造学社编纂。

官则簿书期会，于是经政之要，多入胥吏之掌握，而士大夫初不得而问焉，其弊二也。专门之业，必世其家，口耳相传，往往非文字所能沟瀹，一自官与工分，学与事分，而专门之工师，永不得侪士林之列，传之于载籍者与施之于事物者，截然不相谋焉，其弊三也。坐是三弊，通才弥艰，沟瞀之见，积非胜是，由来久矣，海通以来，事变绵会，耳目发皇，瑰奇迈越之士辈出，争有以自见，其克力扫重规迭袭之陋，上接往古久坠之绪者，余虽蒙鄙，所尝闻謦欬掎裳袂，盖亦不可一二数。若夫起自艰贞，独探邃秘，能如实斋所称古人之学不遗事物者，则蠖公朱先生为尤难焉。公以紫阳正脉，毓秀黔南，赠公梓皋先生吾姨丈也，怀灵均之高行，殉汨罗之遗迹，吾姨母传太夫人衔恤抚孤，督教备至。然公无意于当时帖括之学，跅弛颇异常儿，既随外祖青余先生历官中州。弱冠以后，从我先君文慎公入蜀，纵目山川之雄奥，接席幕府之名贤，衿抱益宏，头角渐露。先君喜公骏迈，事无大小，必以咨焉。又公先娶于陈，茶陵松生先生之嗣女也，轺车之返，多载奇觚，公博览周咨，所闻弥富。慰亲捧檄，爱宦蜀中，监云阳滩工，缅离堆之旧绩，慕石门之泐颂，躬督锤凿，不避险艰，其精练工事，发轫于此。改官吴下，入觐帝都，值戊戌维新，海内厨顾，鳞萃阙下，公始闻朝政。归佐先君改革学校，筹设农场。庚子变作，适丁内艰，公方监税上海，感邦家之多难，悲风树之不宁，追念周南顾托之意，近凛滂母立身之训，笃志奋发，不皇启处。先君内值枢垣，朝政鼎新，公负知时务名，入都以后，凡所经画，有若京师译学馆之筹设，有若北洋警察之创办，皆垂为常典。而警政尤草创艰棘，成效昭灼，廷议嘉之，移于辇毂。按汉家有街室之置，蒙哥制警巡之院，肃清奸宄，纳民轨物，其必自此，而废弛千年，上下自恣，闻兹新令，往往震惊。公手定规条，身亲游徼，魏绛僇扬干之仆，董令逢帝主之威，见赤棒之尊严，返旧章于司隶。虽见疾势豪，卒以去位，而事下各省，奉为圭臬，至今萧规曹随，犹以北都警察为称首，此公通政学之效一也。公尝东游扶桑，求殖民之策，归任蒙边垦务，将移冠带之族，化湩酪之风。兴安以南，濡水以北，山林未启，宝藏所萃，倘斯策得行，则上绳秦皇实边之美，下减汉兵防秋之费。规画未终，移督津浦铁路，午贯南北，枢纽江津，自上都以迄海壖，棣通无阻。辛亥更始，遂长交通，入参国务，定干路国营之策，以揽全局，预拟交达之线。尤要者凡四，自江宁以达长沙曰宁湘，以溯黔楚上游，以辟豫章腹里；自大同以达成都曰同成，以避夔巫之险，以夺荆襄之隘，出于其途者可以朝辞白帝，莫驰紫塞；自浦口以达信阳曰浦信，以疏申蔡舒霍之富，而输之江浒；自兰州以达东海曰陇海，以揆秦陇之天府，而濬汴洛之隩区，廿载以还，惟陇海获成东段。思公之功，已成陈迹，此又公通政学之效二也……

100　征求《营造法式》佚存图籍启事
1930年7月／第一卷第一册／征求

此文第一段列征求事由："本社前经征求李明仲先生著述已佚诸书，谅蒙鉴及。现因研究营造考古学，如海内外收藏家，藏有后列各种书籍，或有此类之孤本，不论书籍图样、钞本刻本，均祈径函敝社，商榷办法，谋其流通。如可割爱，不吝重酬。倘荷赐教，不胜厚幸。"

随后附征求内容七种：

《营造正式》六卷；

《梓人遗制》八卷；

《元内府宫殿制作》一卷；

《造砖图说》一卷；

《西槎汇草》一卷；

《南船纪》四卷；

《水部备考》十卷。

101　《营造法式》印行消息
1930年7月／第一卷第一册／介绍

此文转录上海商务印书馆发表的《营造法式》广告并印行《营造法式》缘起及发售简章，可从中了解其版本情况等。兹抄录部分如下：

本社创立以来，中外同志纷纷以购求《营造法式》，相属苦无以应顷者。上海商务印书馆发表广告并印行《营造法式》缘起及发售简章，附印样本，兹特转录如左：

甲　印行缘起

《营造法式》三十六卷,宋将作少监李诫奉勅编书,分总释、总例、制度、功限料例等第并图样等总三十六卷,计三百五十七篇,内四十九篇。诫从经史群书中检寻考究其三百八篇,根据历来工师相传法式及在官经历,详悉讲究而成,在崇宁二年奏请镂板者为崇宁本,南渡后知平江府事王唤重刊者,为绍兴本,皆官为刊。传民间流播,绝鲜前明中叶传世,已无完帙,以范氏天一阁蓄聚之富,搜访影摹,犹有残阙。今四库影宋补配大典本,即从此出。近世故家抄藏,大都传自爱日精庐,为钱氏述古堂影宋再传本,辗转影写颇多伪脱。而钱张两本,世亦不传,良以吾国积习,轻艺……

乙 发售简章

（一）全书六百十五叶（内单色图一百二十七叶,双色图四十六叶,彩色图四十五叶）,分订八册,合装一函,用上等瑜版纸木版石版精印。

……

102　《营造辞汇》纂辑方式之先例

1931年4月／第二卷第一册／书评／阚铎

此文研究、比较了东邻日本的四种建筑辞典的体例组织、时代性等,为学社纂辑《营造辞汇》作准备。之所以参照日本而非欧美的辞典,是因为日本同用汉字而有一定的共通性。所比较的四本辞典相关内容是：

甲、《工业字解（建筑之部）》绪言；

乙、《日本建筑辞汇》弁言及凡例；

丙、《工业大辞书》凡例；

丁、《英和建筑语汇》编纂颠末概要。

103　英锡寇克氏介绍本社汇刊之传单

1931年4月／第二卷第一册／转载／锡寇克

此文是英国学者锡寇克（Arnold Silcock）对《中国营造学社汇刊》第一

卷第一册的介绍。从此文中可知，第一卷第一册于 1930 年 7 月出版，锡寇克在英国收到了该刊。

104 参观日本《现代常用建筑术语辞典》编纂委员会纪事
1931 年 9 月／第二卷第二册／专著／阚铎

1931 年 4 月 28 日，阚铎访日本伊东博士，谈及中国营造学社进行事务，以编纂词汇为最要而最难。日本建筑学会亦有术语编纂委员会之设，每星期五晚开会，可往一观。

兹抄录议事内容如下：

术语编纂方针

甲、以选定建筑关系者可以使用之术语为目的

一、以现代常用者为主。

二、表示同一意义之术语，务令统一。

三、现存之语，认为不适当者变更之。

四、外国语，照原来使用，认为适当者，特定其译语。

五、其他学会及其他重要机关所选定之术语，务宜尊重。

六、多笔划之汉字或别字，务须避去而用略字或假名，再以文部省汉字制限为准据，别字务用假名。

七、外国译语，以英语为主，但主要者得并记德译或法译。

八、说明，用适宜图面或照像，以简明为主，但因减少图面及照像之数量起见，得利用同一图面及照像。

乙、著书用如左之形式

一、用左行横书。

二、最初用罗马字为读音，其次日语，更于其右附以英译、德译、法译并记之。此种格式，与文部省所决定者为一致。

三、术语排列以 ABC 为次第。

四、接头复合名词，列记于原名词之下时加以说明，其单独排列时，办法如左：例如"蹴込板"，说明"板参照"，图"阶段图"参照。

五、出版时版式之大小，照六开本，著书名如左：现代建筑术语集。

六、为便于知英语与日语相当起见，日译难读者，附罗马字，附以英语、德语及法语，依 ABC 为次第。

进行方针

一、以三年半为完了期间，较第一次计划，延长一年半，较第二次计划，延长半年。

二、第一读会议了之术语，分类而分配于各委员，一般委员二部，担任选出新术语之委员该部类之五部。

三、图面，于第二读会提出。

四、第三读会，应为出版图书格式之提案。

五、担任选出新术语委员新术语之提出，以三月末日为止。

六、委员之担任新术语选出者如左（既决）。

105　梁任公先生题识《营造法式》之墨迹

A Comment on *Ying-tsao-fa-shih* by the late Mr. Liang Chi-chao

1931 年 11 月／第二卷第三册／梁启超

此为梁任公先生墨迹，作为插图刊于卷首，无说明。梁任公，即梁启超（1873~1929），广东新会人，字卓如，号任公，别号饮冰室主人、哀时客等，近代思想家，戊戌维新运动领袖之一，梁思成之父。梁任公于 1925 年将"陶本"《营造法式》寄给在美国宾夕法尼亚大学读书的梁思成，此墨迹为扉页题款。

该题款对《营造法式》及其作者给予了评价，兹抄录于下：

李明仲（诚）卒于宋徽宗大观四年，即西历一千一百一十年。明仲博闻强记，精通小学，善书画。所著《续山海经》十卷、《续同姓名录》二卷、《琵琶录》三卷、《马经》三卷、《六博经》三卷、《大篆说文》十卷，今皆佚。独此《营造法式》三十六卷岿然尚存。其书义例至精，图样之完美，在古籍中更喜与此❶一千年前有此杰作，可为吾族文化之光宠也已。朱桂辛校印甫竣赠我，此本遂以寄思成、徽音俾永宝之。

民国十四年十一月十三日　任公记

---

❶ 原稿不清，此处将墨迹右数第五列前四字抄录为"更喜与此"，也有抄录为"更为独特"。

墨迹之上部

106 琉璃窑轶闻
1932年9月/第三卷第三期/杂俎

琉璃，古作流离，或曰药玻璃。此文为琉璃制法、琉璃窑等之介绍。兹抄录部分如下：

琉璃古作流离，或云药玻璃，其名始见于汉书西域传，盖传自西方，非中土所有。(《汉书·西域传》，罽宾国出虎魄璧流离，颜师古注引魏略云，大秦国出赤白黑黄青绿缥绀红紫十种流离。) 汉魏以来用作窗扉 (《西京离记》昭阳殿牕扉多是绿瑠璃，汉武故事武帝起神屋，扉悉以白瑠璃为之)、屏风 (《拾遗记》孙亮作绿瑠璃屏风) 及剑匣鞍 (见《西京杂记》) ……

107　伯希和先生关于敦煌建筑的一封信
1932年12月/第三卷第四期/梁思成

此篇通讯记述了梁思成先生与伯希和关于敦煌建筑形制的书信往来。

保罗·伯希和（Paul Pelliot，1878~1945），法国著名汉学家、探险家。1908年2月25日，伯希和考察团从新疆进入敦煌，集中对莫高窟进行洞窟编号、测绘、摄影和文字记录工作。共计拍摄莫高窟外景、洞窟彩塑、壁画等照片计368张。1922~1924年，《敦煌石窟图录》六大本在巴黎出版，单色图版。❶

因条件限制，梁思成先生当时只能依靠《敦煌石窟图录》进行研究。❷

在《敦煌石窟图录》第七图上一张"初游千佛洞"照片中，梁思成发现"有木质建筑一角，是窟前的檐廊；虽只一角，却可以看出简单雄大的斗栱，八角形的柱……栱间的小窗，无一不表示唐代的特征"。

初游千佛洞

从《敦煌石窟图录》第二七六图，则"可以看出梁架的结构：两要大梁（乳栿），由当心间柱头铺作伸入窟崖上，梁上有两个驼峰，驼峰上有斗……

---

❶ 沙武田. 伯希和敦煌图录说明[EB/OL]. [2013-11-20]. http：//dsr. nii. ac. jp.
❷ 萧默. 回忆梁思成、常书鸿与叶圣陶[EB/OL]. [2013-11-20]. www. aisixiang. com.

图录中与此类似之照片还有几张，都显然表示唐建的形制"。

梁思成继续写道，"因为这些照片或不完全或欠清晰，所以我于今年五月间去函请教于伯先生，问他（一）有无第七图所见檐廊之全部照片或第二七六图更清晰的照片……"。伯希和先生对此做了回复，梁先生在该篇通讯中摘录了原信。

伯希和与中国学者的交往，似乎有友谊的意味，但却是以其蒙羞的敦煌盗宝为开端。

108　图书介绍
1935年6月/第五卷第四期/图书介绍

（一）《汉代圹砖集录》

著者：王振铎

发行所：考古学社

汉代空腹圹砖，自曹氏《格古要论》以来，诸家著录，不一而足，然致力之勤，无如近人王振铎所著《汉代圹砖集录》一书。书仅二卷。上卷收海内拓本六十余幅，形制文样，各不相侔，具见取舍苦心。下卷则为详部文样，内分几何图案、铺首、楼树、人物、动物、骑射、车御、营造、货币九类，卷末殿以"附说"五千余言，于命名、制造、应用、文样诸项，颇多申论。（刘敦桢）

（二）《新罗古瓦之研究》

著者：滨田耕作，梅原末治

发行所：刁江书院

书系日本京都帝国大学文学部考古学研究所报告第十三册，专论朝鲜庆州出土新罗时代砖瓦，计有圆形与椭圆形瓦当，及勾滴、瓦模、椽头装饰、鬼板、鸱尾、地砖、壁砖多种。其椭圆形瓦当一项，最为稀睹。勾滴形状，上下缘均用平形曲线，与本社调查之辽代遗物一致。椽头装饰有圆形、方形、长方形三种，中央能钉孔，殆系汉璧珰之遗制。鸱尾形制，与西安大雁塔门楣雕刻，极相类似，其外缘鳍状装饰，在侧面特别突出，亦与辽独乐寺山门符合。

砖瓦文样，有蕨手文、莲花、宝相花、卷草、葡萄、翼狮、迦陵频伽（Kalavinka）、蟾蜍、玉兔、鹦、鹅、兽面、龙、凤、麟、飞仙多种。就中莲花一项，在圆形瓦当内，即有变型八十余种，意匠之丰富，出人意料以外。此外地砖上所镌宝相花文，及壁砖上佛像楼阁浮雕，精美异常，纯系唐代艺术之反映。

我国瓦当文之变迁，据今日所知者，饕餮文曾盛行于周末，降及秦汉，文字与蕨手文代之而兴。其后莲花文逐渐萌芽，至六朝蔚为极盛，而宝相花、龙凤文之使用，更在其后。惟汉末以来，文字铭记，渐归废弃，故历来金石家著录者，大都限于秦汉二代。今获此书，足弥缺陷之一部矣。至于朝鲜艺术之源流，滨田氏于《美术研究》第十七号"新罗画像砖"一文内，谓庆州砖瓦，以临每殿四天王寺等处出土者为最精美。据佛国寺塔之例，疑出唐匠之手，所论最为公允。（刘敦桢）

（三）《栾》

著者：奥村伊九良

汉人著述言斗栱者，曰栌、曰欂、曰枅、曰节，后人皆释为枓；曰㮇、曰開、曰栟、曰楷、曰栾，释为栱。然两汉斗栱，种类颇繁，此数者果为同物异名，抑其间尚有若干之区别？自来无人论及。奥村氏原文，见《"支那"学》第七卷第四号，引《字林》"枅，柱上方木也"，谓系直木挑出，为栱之最简单者。次谓灵光殿赋之"曲枅"，殆与冯焕、高颐诸阙所示之栱，前端向上弯曲者同型。再次引释名"栾，挛也，其体上挛曲拳然也"，疑其形状为沈府君阙之花茎形栱。又引同书"斗在栾两头，如斗也，斗，负上员橺也"，证"栾"上施斗，斗以承桁，足供术语训释之助。（刘敦桢）

1935年12月/第六卷第二期//图书介绍/梁思成、刘敦桢

（一）《六朝陵墓调查报告》

著者：朱希祖，滕固，朱偰

目录：

六朝陵墓调查报告书	朱希祖
六朝陵墓石迹述略	滕　固
六朝陵墓总说	朱　偰

六朝建康冢墓碑志考证	朱希祖
天禄辟邪考	朱希祖
神道碑碣考	朱希祖
驳晋峤墓在幕府山西说	朱希祖

全册虽称"调查报告",但读内容之后,始悉为多篇关于六朝陵墓的文集。

首篇"六朝陵墓调查报告书",朱希祖先生将江宁、句容、丹阳三县六朝陵墓之见于文献或有遗物可查者按代胪列。"报告"之主体,多重营葬地点、年月及附葬后妃之考证。在遗物上,则略述其概况。各处墓址,多经朱先生父子逐处亲往调查,这篇"报告"似乎专以地点调查为主。

滕固先生在"石迹述略"中将神道石柱、石兽、碑饰三事,分别讨论,并且在各雕刻形式上作历史的探讨。其中关于有翼兽的来源,滕先生认为来自西方,与朱先生我国固有之说,各有观点。

朱偰先生的"六朝陵墓总说",在正文中标题"六朝陵墓调查报告",先为总说,将各陵墓地址表列,但是与朱希祖先生所列出的各陵墓名,恐怕有点重复。次则将陵墓体制极简略的叙述。

"六朝建康冢墓碑志考证"一文,以碑志中的资料,添补正史之不足,确是有趣的文字。本文所考凡碑三志五。

在"天禄辟邪考"一文中,朱先生为天禄辟邪的名称很详尽的作考证。其结论谓"一角为天禄,二角为辟邪,总名桃拔,其无角者名符拔,或作扶拔,与桃拔同类"。

在"神道碑碣考"中,朱先生将神道、碑、碣三者名称考证确完。"神道乃指墓道,系虚位而无实物,碑碣乃置于神道两旁者。""……梁代碑石柱,若正其名,实当称为碑与碣。"

这部肥厚的刊物,以朱希祖先生之文为主体,而朱先生之文,多注重地点之寻觅及名称之考证。摄影制版可惜不能较清晰一点。实地测量图概付阙如;而各陵地位,则用多张比例尺极大的南京附近详细地图,用红义子标出地点,红线标出路线。但若用与后面一张丹阳县全图同样详细的南京图,或者亦可足用了。

至于陵墓地下工程,由考古学立场上看,比地面的碑碣、石兽,至少也有同等重要。我们希望将来朱先生们能更进一步,完成这部报告。(梁思成)

(二)《造像度量经》(附续补)

译述者：工布查布

此书有乾隆刊本，与同治十三年金陵刻经处刊本二种。本文所据为同治本。

书仅一册。首为译者所撰造像度量经引，述我国汉晋以来佛像派别，及译书经过，次图样，次经文。最后殿以经解及续补二篇。

此书梵名 Sāstra-nyagrodha-parimandala-buddha-pratimā-laksana-nama，为现存佛教工妙明（Silpa-karma-sthāna-vidyā）三大典籍之一，治密宗造像者，皆奉为唯一法典。惟经文内容，限于十搽度释迦佛像，其余胥未道及。译者除撰经解一篇，诠译原文外，又旁搜遍揽，为续补一篇，述菩萨像、九搽度、八搽度、护法像、威仪式及装藏等项，补原书不备，厥功甚伟。

我国初期佛教造像，据纪载所示，大抵以西来经像为模则。至晋齐间，戴逵父子，蹶起江东，始于光色和墨点采刻镂诸法，稍稍出以己意。然其时北魏云冈诸窟，健陀罗式犹与毬多式，杂然并陈，故就全体言，自南北朝至隋末唐初，始渐脱模仿时期。

有唐一代，名家辈出，如安生、宋法智、吴智敏、韩伯通、杨惠之、王温、元伽儿、刘九郎等，规武前贤，另辟新境，蔚为我国雕刻之黄金时期。降及宋辽，益臻纤妙。而华化程度，亦更趋深刻，后世因之，有汉像之称。迨元世祖以八合斯八为国师，设梵像提举司，命北印度尼波罗国工阿尼哥董两都搏塑镂铸之工，其徒刘元继之，益为恢扩，遂下启明清二代密宗造像之渐，在我国佛像雕刻史中，实为重大之转变。此书所述梵像十搽度法，以百二十指为释迦本尊高度，其余各部，亦咸以指量为准。在艺术上，虽无足取，然自杨惠之塑诀以来，海内所存，唯此一书，不仅治元以来造像者视为重要图籍而已。

译者工布查布事略，希参阅《汇刊》本期《哲匠录》造像类。（刘敦桢）

(三) 印度に于けろ礼拝像の形式研究

著者：逸见梅荣

本书为东洋文库论丛之一。所述印度礼拜像，以佛教密宗及婆罗门教之 Pura-na 及 Silpā-Sāstra 二类为限。在时间上，包括毬多（Gupta）、波罗（Pala）二王朝，即公元三二〇年至一一九三年间之造像艺术。

书分绪言与本论二部。绪言中，述研究范围，与印度美术流派、遗物地点，及佛教像与神像之关系，密教像与教理之关系，本尊观念、尊像形式、造像经典，及其他事项。本论则分四章：

（一）像量篇：首述印度度量制度，次介绍三十二相与佛像式样之关系，再次列举各种揲度不同之礼拜像比例，有十揲、九揲、八揲、六揲、四揲、二揲数种，与多面广臂像作法等。

（二）像威仪篇：分立坐卧姿势，及座乘、手印、衣冠、身色、头光、背光、庄严具，及持物之法具、兵器、乐器等，异常详尽。

（三）造像料篇：分造像料、画像料，及颜料三项。

（四）像供养篇：述舍利装藏法与尊像供养法。

此书著者，似以工布查布《造像度量经》为出发点，再辅以梵汉经典所载，及实物像片，互相印证，成此巨帙；虽书中小节，间有遗漏，而大端要不可易，不失为覃思竭虑之作也。愚读《造像度量经》后，再获此篇，不禁叹布氏之后，二百年间，继起乏人，坐令异邦学子，为之发扬光大，良可慨已。（刘敦桢）

109 书　　评
1936 年 9 月/第六卷第三期/书评

（一）《泉州双塔》（*The Twin Pagodas of Zayton*）
著者：艾克（Gustav Erke），戴密微（Paul Demiéville）
出版日期：1935

福建的石工是名闻海内的，近年来首都的新工程中，有许多便特别用福建工人做。至于历代遗物，如福州、厦门各地的石桥，都是著名的艰巨工程。然而福建石工技术上的成就，殆自宋代已然。福建境内许多石塔，便足为证。

艾克先生前几年南游漳泉一带，对于石造建筑颇为注意。"福清两石塔"及"泉州印度式雕刻"两文，曾经译载本刊。最近又有"泉州双塔"及"石造'亭塔'之结构研究"两文发表，均以泉州开元寺南宋双石塔为主题。

《泉州双塔》为单行本，艾克与戴密微合著。此书主要题材在开元寺双塔上许多造像之研究。艾克著绪论，略述泉州当宋元时代在海外交通上所占的地位；次述双塔的建筑形式；次述塔上石刻的时代及作风。在最后的一点，著者对于塔上不甚高明的雕刻给与过分的恭维，是我们所不敢赞同的。

戴密微的偶像学,将两塔上各八十面的浮雕像,每位谁"是谁"的指出,并且将东塔塔座上八面三十九幅的佛迹图浮雕各个加以详释。戴氏在结论里认为塔座上这些青石的故事图刻与上面八十幅花刚石的造像是不宜相提并论的。他说这些画刻表示出作者对于佛教经典有相当的认识,其图案大概是出自对于佛典熟悉的画家之手。至于塔身各层各面的造像,愈上则去佛典愈远,其中有许多竟似完全由雕刻人杜撰出来。但是大多数像则均属南宋至今中国造像中所普通常见的。在塔史方面,戴氏叙述颇清楚;而在泉州僧人之长于营造一点上特别注意,也是很有趣之点。

书附图版多幅,将开元寺及双塔的环境,各面造像,塔座上佛迹图,均一一用诃罗版影印。并附墨线图数张。

……

外人研究中国建筑而能在结构上有深切了解实在不多见,所以像艾克博士这样的努力是很难得而值得鼓励的。(梁思成)

(二)《英华华英合解建筑辞典》

编译者：杜彦耿

现代的建筑,已由原始人类直觉的创造,进而为一种艺术与工程学的结合,在普通性上渐渐加上专门性了。在设计,施工乃至应用上,现代建筑已与其他工程并列为专门学术。可是在中国,建筑学之"专门化",比较其他许多工程都迟——建筑师之受社会认识,到如今还极少,建筑学之在大学内成为一系,到如今全国只有两处;然而其地位之日臻重要,却是不可否认的。

在专门术语之制定上,建筑学亦较其他自然科学及工程落后。术语之制定,本来是一件很不容易的事。在我国科学界中,如地质学、物理、化学等,虽有悠久的历史,特出的成绩,且学者辈出,聚多数专家于一堂,经过多年多次的研究和讨论,有多少名词还不能受学术界一般的满意,在这一点上,我们可以看出这种工作之难,和学术界对于这种工作之慎重。

……(梁思成)

1937年6月/第六卷第四期/书评

(一)《辽金燕京城郭宫苑图考》

著者：朱偰

原文登于国立武汉大学《文哲季刊》第六卷第一期内，除绪言外，分第一第二两章，另附平面略图四幅，体制简明，行文畅茂，绝无时下考证文字艰深枯燥之病。惟所引资料，迹其出处，不逾辽金二史与《日下旧闻考》、《顺天府志》诸书。而金史似未全部检读，不仅遗珠尚多，其矛盾谬误处，亦未加辨证，遽予引用。此外楼钥《北行日录》、路振《乘轺录》、程卓《使金记》，及近人奉宽《燕京故城考》、日人那波利贞《辽金南京燕京故城疆域考》等，咸未寓目，致篇中论断，及所绘辽金城郭殿阙配置诸图，或与文献史迹，枘凿不合，或未列举佐证，迹近武断，以云"图考"，似有未安。举其重要者，约有七事。

……（刘敦桢）

（二）《元大都宫殿图考》

著者：朱偰

近年来国内以元大都宫殿制度为研究主体之书籍，凡有二种：一为民国十九年由朱启钤先生主撰，阚铎执笔之《元大都宫苑图考》，原文刊于《中国营造学社汇刊》第一卷第二册；一即最近出版朱偰先生之《元大都宫殿图考》。二书同属绍介元大都宫殿之专著，唯以所采方法不同，故所论断亦各异致。阚书首重图释及文献之搜集，而略于制度之考究，致全书讹误歧出；朱偰先生列举诸证，足引为他山之攻错，提起吾辈重事研讨之兴趣不少。余前岁整理《元大都城坊考》，拟进而研究宫苑位置，何幸而得此参互之裁料，供吾肆考。兹就朱书所举，归纳述之如左：

……（王璧文）

110　社事纪要

1930年7月／第一卷第一册／社讯

中国营造学社的工作，受中华教育文化基金资助。本期社事纪要所包括六项，记录与中美文化关系之经过，为与该基金会致函与覆函：

（1）十八年六月三日致中华教育文化基金董事会函；

（2）同年七月五日中华教育文化基金董事会覆函；

（3）同年八月九日致中华教育文化基金董事会函；

(4) 同年十月三十一日中华教育文化基金董事会来函；
(5) 同年十一月十日致中华教育文化基金董事会函；
(6) 同年十一月十九日中华教育文化基金董事会覆函。

1931年4月/第二卷第一册/社事纪要

所载事项：
(一) 圆明园遗物文献之展览；
(二) 琉璃瓦料之研究；
(三) 编订中之营造辞汇；
(四) 整理故籍之提要；
(五) 勘验报告紫禁城南面角楼城台修理工程。
此处抄录第一项"圆明园遗物文献之展览"第一段：

圆明园建筑之伟丽，在历史上，自有不可磨灭之价值。而自营造立场上观之，尤有研究之必要。本社近年工作，专注意于北京宫殿，而圆明园工程，又与内庭小异，一则为一朝法物，一则专备宸游，犹风诗之有正变，画派之有南北也。本社网罗散失，于遗物及文献两方面，致力有年。上年与北平图书馆，购求样子雷之图型。整理之结果，得属于圆明园部分者，计图式一千八百余件，模型十八具。又故宫文献馆，存有慎德堂模型残品甚多，尚待修理，复迭次派人，就现在废址，采取断砖碎石，记明地点，约有二百余事。而最为中外人注意者，为谐奇趣西洋楼水法图二十页。此图系乾隆铜版，现在已发现者，北平故宫及辽宁热河两行宫所藏。又北平旧家所藏原印本，与席伦氏《北京皇宫考》、《日本世界美术全集》所载今昔对照之图相合，再与最近残破状况相较，更觉不堪寓目。本年三月二十一日，李明仲八百二十一周忌，特与北平图书馆联合，在中山公园水榭开会展览。旋以学界要求延长一日，计两日之参观者达万人以上。至陈列出品，曾经先期函告中外收藏家、考古家集征集。嗣承各方面援助，应征者颇有多品。业经刊列略目，刷印分赠，并将向达氏撰趣旨之述明，及大事年表，与上年在《大公报》文学副刊发表之"圆明园雁劫七十年纪念述闻"同时印行。闻大连奉天方面之外人，尚有关于圆明园之文献，拟再设法征集，以供继续之研究（向达氏论文及大事表见本期汇刊专著）。

111 本社纪事

1931年9月/第二卷第二册/本社纪事

本期纪事为"古瓦研究会缘起及约言"。发起人有：关野贞、伊东忠太、朱启钤、今西龙、何遂、富田晋二、阚铎。

1931年11月/第二卷第三册/本社纪事

一、十九年度中国营造学社事业进展实况报告（附英文）
  （甲）本社所办事项
  （1）译印欧美关于研究中国营造之论著
  （2）英伦研究李书之趋势
  （3）编订中之营造词汇
  （4）建议购存宫苑陵墓之模型图样
  （5）圆明园遗物与文献之展览
  （6）琉璃瓦料之研究
  （7）营造四千年大事表之继续编辑
  （8）《哲匠录》原稿之增辑
  （10）搜辑礼经宫室考据家专著之略目
  （11）燕京故城建置沿革之考据
  （12）日本伊东博士之讲演
  （乙）社外委托办理事项
  （1）勘验报告紫禁城南面角楼城台修理工程
  （2）审定新建北平图书馆彩画图案
  （3）德人穆麟德氏遗书之整理
  （4）预备在太平洋会议发表北平建筑之论文
二、本社二十年度之变更组织及预算 附改正预算案（略）
三、建议请拨英庚款利息设研究所及编制图籍（附英文）
  （甲）本社致英庚款董事会函

（乙）管理中英庚款董事会第一次来函
（丙）管理中英庚款董事会第二次来函

1932年3月/第三卷第一册/本社纪事

甲、社内事件
　　（一）改组
　　（二）工程做法补图
　　（三）编订营造算例
　　（四）清式营造则例
　　（五）圆明园复旧图
　　（六）梓人遗制
　　（七）旅行未果
　　（八）借用图书馆
　　（九）翻译书籍
　　（十）本期社员之介绍
乙、协助社外事件
　　（一）中央大学委托代制模型图样
　　（二）继续审定北平图书馆外檐彩画图案
　　（三）中法大学收获样子雷家图样目录之审定
　　（四）乾隆御制铜版平番图之绍介

1932年7月/第三卷第二期/本社纪事

甲、社内事件
　　（一）请中华教育文化基金董事会继续补助本社经费函
　　（二）调查辽代寺刹
　　（三）本社社址之迁移
　　（四）筹设干事会
乙、协助社外事件
　　（一）交通大学唐山工程学院
　　（二）明岐阳王世家文物之影印

1932 年 9 月/第三卷第三期/本社纪事

甲、社内事件
    （一）呈请教育部立案文
    （二）编订营造书目提要
    （三）本社征求《梓人遗制》消息
    （四）刊行苏州姚氏《营造法源》
乙、协助社外事件
    （一）保收洪承畴故宅
    （二）成立圆明园遗址保管委员会

1933 年 3 月/第四卷第一期/本社纪事

    （一）《营造法式》新释
    （二）校勘故宫本及文津阁本《营造法式》
    （三）汇刊出版愆期

1933 年 9 月/第四卷第二期/本社纪事

    （一）河北省境内古建筑之调查
    （二）《样式雷世家考》之编辑
    （三）圆明园史料之汇集
    （四）《哲匠录》及明代史料
    （五）本社经费状况报告

1934 年 6 月/第四卷第三、四期/本社纪事

（甲）实物之调查
    （一）调查云冈石窟
    （二）调查山西大同华严寺、善化寺
    （三）调查山西应县佛宫寺塔

　　　　（四）二次调查正定
　　　　（五）调查河北赵县石桥
　（乙）编印及史料之搜集
　　　　（一）《清式营造则例》行将出版
　　　　（二）《哲匠录》及《明代营造史料》
　　　　（三）编辑《清代建筑年表》
　（丙）古籍之整理
　（丁）杂项
　　　　（一）参加修理鼓楼
　　　　（二）照片编目

1934年12月/第五卷第二期/本社纪事

（一）《清式营造则例》出版
（二）计划修理故宫、景山诸亭
（三）供给中国建筑参考材料
（四）函请中华教育文化基金董事会继续补助本社经费
（五）函请管理中英庚款董事会补助本社经费
（六）本社经济状况报告

1935年3月/第五卷第三期/本社纪事

甲、实物调查
　　（一）山西调查
　　（二）江浙调查
　　（三）调查河北省定兴、涞水、易、涿等县古物
乙、史料之搜集
　　（一）《哲匠录》
　　（二）《明代营造史料》
　　（三）编制《清代建筑年表》
丙、整理旧籍
　　（一）《工程做法则例》

（二）仿宋《营造法式》校勘表

丁、制造古建筑模型

　　（一）蓟县独乐寺观音阁及辽金斗栱模型

　　（二）代制清式彩画标本

　　（三）代制模型

戊、服务

　　（一）杭州六和塔修理计划

　　（二）曲阜孔庙重修计划

1935年6月/第五卷第四期/本社纪事

（一）调查河南省安阳县天宁寺
（二）调查河北省安平、定、曲阳等县古建筑
（三）《中国建筑参考图集》
（四）《古建筑调查报告》专刊
（五）参加修理北平古建筑
（六）函请中华教育文化基金董事会继续补助本社经费
（七）本社经济状况报告

1935年12月/第六卷第二期/本社纪事

（一）调查苏州古建筑
（二）调查北平喇嘛塔
（三）测绘故宫外朝东部
（四）《中国建筑设计参考图集》出版
（五）曲阜孔庙建筑及其修葺计划
（六）《文渊阁藏书全景》出版
（七）修理景山五亭竣工

1936年9月/第六卷第三期/本社纪事

（一）测绘北平清宫苑

（二）调查河南省古建筑

（三）调查山东省古建筑

（四）《中国建筑设计参考图集》第四、五、六集出版

（五）《建筑大事年表》

（六）增编《元大都宫苑图考》

（七）参加修理北平古建筑

（八）计划修理赵县大石桥

（九）参加上海市中国建筑展览会

（十）修改青岛湛山寺塔图案

（十一）请求中华教育文化基金董事会继续补助本社经费

（十二）请求管理中英庚款董事会继续补助本社编制图籍费及调查费

1937年6月/第六卷第四期/本社纪事

（一）调查山西、陕西二省古建筑

（二）调查河北、河南、山东等省古建筑

（三）测绘北平清宫苑

（四）《中国建筑设计参考图集》第七、八、九集出版

（五）《明代建筑大事年表》出版

（六）刊印《江南园林志》

（七）整理姚氏《营造法原》

（八）重修河北赵县大石桥

（九）修理河北正定龙兴寺塑壁

（十）协助修理河南登封测景台

（十一）古建筑展览

（十二）参加修理北平古建筑

（十三）请求中华教育文化基金董事会继续补助本社经费致中华教育文化基金董事会函

112 编辑后语

第七卷第二期/1945 年 10 月

此编辑后语实际是第七卷第二期的内容提要，涉及八个方面。

一是关于《川康之汉阙》："刘敦桢先生原定作《川康之汉阙》一文，因事未及完稿，本期改刊《云南之塔幢》。文中插图由梁思成、莫宗江两先生绘制。"

二是关于清真寺的研究："国内之清真寺建筑，本社多年以来均予以特殊注意；但本刊以往则向未刊载。刘致平先生将其近年来汇集资料及研究所得，初次编撰，兹在本期发表。各地清真寺仍将陆续研究。"

三是关于"雨华宫"："莫宗江先生所述榆次永寿寺宋大中祥符元年建之雨华宫，在本社所知国内现存古代木构中，年代居第四位。殿身虽非宏大，而结构精简，有特殊艺术价值。'七七'前夕，曾由莫宗江先生实测，兹特制图分析，详为介绍。"

四是刊载美国费慰梅女士的《汉武梁祠建筑原形考》因由。

五是关于林徽因的《现代住宅设计的参考》："战后复员时期，房屋为民生问题中重要问题之一。兹由林徽因先生汇集英美最近实验建置若干种，分析介绍于本刊。"

六是关于刊载梁思成先生的《中国建筑之两部"文法课本"》。

七是关于桂辛奖学金评选。

八是关于《中国古画中之建筑与家俱》："梁思成先生原拟作《中国古画中之建筑与家俱》一文，因赴渝参加教育部战区文物保存委员会工作，未能属稿，本期不及刊载。"

参考文献

[1] 中国营造学社. 中国营造学社汇刊 [M]. 北京：知识产权出版社，2006.

[2] 崔勇. 中国营造学社研究 [M]. 南京：东南大学出版社，2004.

[3] 林洙. 叩开鲁班的大门：中国营造学社史略 [M]. 北京：中国建筑工业出版社，1995.

[4] 杨永生. 哲匠录 [M]. 北京：中国建筑工业出版社，2005.

[5] 梁思成. 中国建筑艺术二十讲 [M]. 北京：线装书局，2006.

[6] 梁思成. 中国建筑史 [M]. 北京：生活·读书·新知三联书店，2011.

[7] 沈福煦. 中国建筑史 [M]. 上海：上海人民美术出版社，2012.

[8] 张锋. 朱启钤与北京市政建设 [D]. 北京：首都师范大学，2007.

[9] 林洙. 梁思成 [M]. 北京：中国建筑工业出版社，2012.

[10] 林洙. 梁思成、林徽因与我 [M]. 香港：三联书店（香港）有限公司，2011.

[11] 林洙. 中国营造学社史略 [M]. 天津：百花文艺出版社，2008.

[12] 林天宏. 中国营造学社与中国建筑史研究 [D]. 北京：中国人民大学，2005.

[13] 宿白. 中国古建筑考古 [M]. 北京：文物出版社，2009：8.

[14] 沈理源. 西洋建筑史 [M]. 黄清明，校注. 北京：知识产权出版社，2008.

[15] 陈薇.《中国营造学社汇刊》的学术轨迹与图景 [J]. 建筑学报，2010（1）：77-83.

[16] 王维超，罗意. 还原林徽因在中国建筑史上的地位——试论林徽因对中国建筑的贡献 [J]. 重庆建筑，2010（11）：46.

[17] KSMSRL. 朱畅中 [EB/OL].（2012-11-29）[2012-12-01]. 百度百科（http://baike.baidu.com）.

[18] BAIDU. 戴密微 [EB/OL]. [2013-12-20]. http://baike.baidu.com.

[19] WIKIPEDIA. Joseph Edkins [EB/OL]. [2013-12-22]. http://en.wikipedia.org.

[20] BAIDU. 法隆寺 [EB/OL]. [2013-12-23]. http://baike.baidu.com.

[21] 沙武田. 伯希和敦煌图录说明 [EB/OL]. [2013-11-20]. http://dsr.nii.ac.jp.

[22] 萧默. 回忆梁思成、常书鸿与叶圣陶 [EB/OL]. [2013-11-20]. www.aisixiang.com.